渔樵问对译注

[宋]邵雍 著

陈平 译注

北京理工大学出版社

BEIJING INSTITUTE OF TECHNOLOGY PRESS

图书在版编目（CIP）数据

渔樵问对译注 /（宋）邵雍著；陈平译注 . -- 北京：
北京理工大学出版社，2025.6（2025.9 重印）
　ISBN 978-7-5763-5423-2

Ⅰ. B244.31

中国国家版本馆 CIP 数据核字第 2025R9Q719 号

责任编辑： 申玉琴	**文案编辑：** 申玉琴	**策划编辑：** 王连华
责任校对： 刘亚男	**责任印制：** 施胜娟	**特约编辑：** 王晶波

出版发行 / 北京理工大学出版社有限责任公司
社　　址 / 北京市丰台区四合庄路 6 号
邮　　编 / 100070
电　　话 /（010）68944451（大众售后服务热线）
　　　　　　（010）68912824（大众售后服务热线）
网　　址 / http：// www. bitpress. com. cn

版 印 次 / 2025 年 9 月第 1 版第 5 次印刷
印　　刷 / 鸿鹄（唐山）印务有限公司
开　　本 / 880 mm × 1230 mm　1/32
印　　张 / 5
字　　数 / 65 千字
定　　价 / 48.00 元

　　《渔樵问对》是北宋著名理学家、易学家邵雍先生的一部重要著作。这本书以对话形式探讨宇宙之道、天地之理、自然运行的规律以及人类社会的运作逻辑，是理学发展中的一颗明珠，也是中国哲学史上的瑰宝。邵雍以其深厚的学养和独特的思想视角，将深奥的易学与人生哲理融会贯通，使得《渔樵问对》成为一部既富哲学思辨性又具文学趣味的经典之作。

　　邵雍，字尧夫，号安乐先生，生于公元 1012 年，卒于 1077 年，祖籍范阳（今河北涿州）。他一生清贫而高洁，恪守士人本分，虽有才学却无意仕途，将所有心力倾注于学术研究与著书立说之中。他对《易经》的研究卓有建树，以数理推演宇宙运行规律，并以"天人合一"为核心理念，建立了自成一派的易学理论体系。在理学尚处萌芽阶段的北宋，邵雍的学问超越传统意义上的经史解读，探究天地、历史与社会规律的内在联系，对后世理学家的思想启发具有重要作用。

《渔樵问对》是邵雍晚年定居洛阳"安乐窝"时期的代表性作品之一。书中采用了"樵者问，渔者答"的对话形式，将复杂的哲学问题融入平易而深刻的对话中。渔、樵这两个角色分别象征着隐逸生活的不同状态：樵者为游离之人，心怀疑惑而求索万物之理；渔者则为安于山林、通晓大道之人，带有智者的象征意义。通过樵者与渔者之间的层层发问与回答，书中涵盖了从天地生成到社会人事，从太极、阴阳、五行到历史兴衰等广泛议题。它不仅探讨了宇宙的本源与规律，也对人生的价值和意义进行了深刻的反思。

从内容上看，《渔樵问对》既继承了中国古代"天人合一"的传统哲学思想，又融入了邵雍对易学的创新理解。他认为天地万物遵循一定的秩序运行，人的行为与道德修养也应顺应天地之道。书中多次以直观比喻的方式解释抽象理论，语言平实而不失哲理，使晦涩的哲学思考变得更易于理解。

《渔樵问对》之所以在后世拥有如此重要的地位，除了其思想内容的丰富性与创新性外，还在于它所体现的独特人文关怀。在书中，邵雍反复强调道德修养的重要性，主张人应效法天地的包容与和谐。与此同时，他对历史规律的探讨也展现了独到的洞察力。他提出，历史的兴衰不仅是天命的体现，更是人类行为选择的结果。这种"天道"与"人事"结合的视角，为中国传统的史学研究开辟了新的思路。

值得一提的是，《渔樵问对》的文学价值同样不容忽视。书中的语言古朴而清新，对话之间往往带有画面感，仿佛读者真的置身于山林水边，听两位智者娓娓道来。这种生动而富有趣味的表达方式，使得哲学不再显得高高在上，而变成了一种可以亲近的智慧。邵雍以其诗人的敏感与哲学家的思辨，将学术与艺术融为一体，使这部书成为"理趣"与"意趣"兼具的作品。

从历史角度看，《渔樵问对》的影响超越了邵雍生活的时代。它不仅为理学的发展提供了宝贵的思想资源，也对后世文人隐士的生活方式与精神追求产生了深远影响。在宋明理学的传承与演变中，邵雍的思想被不断发扬光大。

《渔樵问对》的出世，也让更多人了解邵雍这位北宋思想家的智慧与胸怀，让更多读者在忙碌的现代生活中，感受到传统哲学的宁静与力量。这本书不仅是一部易学经典，也是一次与千年文化的对话。无论是作为一位求知者，还是作为一位思考者，相信每位读者都能从这部书中找到属于自己的启发与感悟。

目录

鱼与人，利害相同

【原文】

渔者垂钓于伊水之上。樵者过之，弛担息肩^①，坐于磐石^②之上，而问于渔者。

曰："鱼可钩取乎？"

曰："然。"

曰："钩非饵可乎^③？"

曰："否。"

曰："非钩也，饵也。鱼利食而见害，人利鱼而蒙利^④，其利同也，其害异也。敢问何故？"

渔者曰："子樵者也，与吾异治^⑤，安得侵吾事乎？然亦可以为子试言之。彼之利，犹此之利也；彼之害，亦犹此之害也。子知其小，未知其大。鱼之利食，吾亦利乎食也；鱼之害食，吾亦害乎食也。子知鱼终日⑥得食为利，又安知鱼终日不得食为害？如是，则食之害也重，而钩之害也轻。子知吾终日得鱼为利，又安知吾终日不得鱼不为害也？如是，则吾之害也重，鱼之害也轻。

"以鱼之一身，当人之食，是鱼之害多矣；以人之一身，当鱼之一食，则人之害亦多矣。又安知钓乎大江大海⑦，则无易地之患⑧焉？鱼利乎水，人利乎陆，水与陆异，其利一也；鱼害乎饵，人害乎财，饵与财异，其害一也。又何必分乎彼此哉！子之言，体也⑨，独不知用尔⑩。"

【注释】

①弛担息肩：放下担子，歇息肩膀。

②磐石：指大石头。

③钩非饵可乎：钩（钓钩）不用饵（鱼饵）可以吗？

"非"作"用否"解。

④蒙利：获得利益。"蒙"在此处有"得到"的意思。

⑤异治：所从事的事务不同。"治"指从事的职业或事务。

⑥终日：整日，指一整天。

⑦钓乎大江大海：在大江大海钓鱼。"乎"作"于"解。

⑧无易地之患：没有更换地方的忧虑。"易地"意为更换地方。

⑨体也：指事理的表面道理。

⑩独不知用尔：难道不知其实际用处吗？"独"表示反问，"用"指实际应用。

【译文】

有一个渔夫正在伊水上垂钓，突然，一个樵夫经过，放下了担子，坐在一块大石头上休息，向渔夫请教问题。

　　他向渔夫问道:"鱼可以用鱼钩钓到吗?"

　　渔夫答:"能。"

　　樵夫又问:"那钩子没有诱饵可以钓上来鱼吗?"

　　渔夫回答:"不可以。"

　　樵夫接着说:"看来,钓鱼起作用的不是钩子,而是诱饵。鱼吃食物就会被钓上钩,人贪图鱼就能得到好处。从得到好处这方面来说,鱼和人是一样的,但从受到害处这方面来说,鱼和人就不一样了。敢问,这是为什么呢?"

　　渔夫说道:"你是砍柴的,和我干的不是一回事,你怎么能干涉我的事呢? 不过,我可以尝试跟你解释一下。鱼得到的好处,和人得到的好处是一样的;鱼受到的害处,也和人受到的害处是一样的。你只知道一些小的方面,却不知道大的方面。鱼贪吃食物而受利,我也是贪图食物而受利;鱼因食物受到害处,我也会因食物受到害处啊。你只知道鱼每天吃到食物是获利,但你怎么不知道鱼每天没有食物会受害呢？按照这个说法，鱼缺少食物带来的害处更大，鱼钩带来的害处更小。你知道我每天钓到鱼会获利，但你怎么不知道我每天钓不到鱼是受害呢？按照这个说法，那么我受到的害处更大，鱼受到的害处更小。

"用一条鱼的身体，来满足人的食物需求，这对鱼来说害处更大；用人的身体，来满足鱼吃一顿食物的需求，那么人受到的害处更大。你又怎么知道在大江大海上钓鱼，人就没有失足落水的危险呢？鱼在水里能获利，人在陆地上能获利，水和陆地不一样，但得到的好处是一样的；鱼因鱼饵而受害，人因钱财而受害，虽然诱饵和钱财不同，但它们带来的危害是一样的。又何必分什么彼此呢！你刚才说的，只是事物的'体'，而不知道事物的'用'罢了。"

【解读】

这段对话从一场关于钓鱼的简单问答开始，却逐渐深入到对人和鱼利害关系的哲学探讨。樵者对鱼因诱饵获利又遭害的现象产生疑问，并将其类比到人类自身，试图理解其中的共性与差异。渔夫则以更广阔的视角回应了樵者的疑虑，强调了利害的相对性，以及人与自然之间不可分割的联系。

通过渔夫的解释，我们了解到所谓的利与害从来不是绝对的。对于鱼来说，因诱饵而获食是"利"，却也因此可能被钓上岸丧命，这说明鱼食饵的"害"实际上远大于钩子本身。对于渔夫而言，钓鱼的"利"是生计来源，但如果长期钓不到鱼，危害同样会显现。这种双重关系表明，无论鱼还是人，都无法脱离自然规律，利与害往往伴随而生，不能片面地去看待其中的某一方面。

渔夫进一步指出，人和鱼尽管生存环境不同，但面临的问题却有共通之处。鱼因贪食受害，人因贪财陷困，二者的境遇本质上并无区别。渔夫的这番话不仅强调了自然界万物之间的共性，更提醒我们在面对自己的欲望与利益时，需时刻保持警觉。正如鱼因诱饵受害，人类也常因追逐利益而忽视潜藏的危机，这种危害可能是内在的心灵负担，也可能是外在的社会冲突。

这段对话还引发了关于视角与理解的思考。樵者对渔夫的生活方式提出疑问，但他的理解局限于表面，忽略了背后的深层逻辑。渔夫借助具体例子说明了换位思考的重要性：当我们站在不同角度看问题，往往会发现隐藏的真相和更多的可能性。因此，面对复杂的事物，不应只拘泥于自己的经验，而要学会从多角度权衡利弊，方能更全面地认识问题。

总的来说，这段文字的核心思想在于提醒我们对利害关系保持清醒认知，理解其相对性与共性，并学会在实践中践行哲理。它启示我们在追求利益时，需深刻认识可能的代价和风险，同时在面对不同生活方式时，应以开放和尊重的态度求同存异。只有如此，我们才能在复杂多变的环境中找到平衡，走向更长远的智慧与成长之路。

水火辨，体用相依

樵者又问曰："鱼可生食乎？"

曰："烹之可也①。"

曰："必吾薪济子之鱼②乎？"

曰："然。"

曰："吾知有用乎子矣。"

曰："然则子知子之薪，能济吾之鱼，不知子之薪
所以能济吾之鱼也。薪之能济鱼久矣，不待子而后知。
苟世未知火之能用薪③，则子之薪虽积丘山，独且奈
何哉？"

樵者曰："愿闻其方。"

曰："火生于动，水生于静。动静之相生④，水火

之相息⑤。水火，用也；草木，体也。用生于利，体生于害。利害见乎情，体用隐乎性⑥。一性一情，圣人能成。子之薪犹吾之鱼，微火⑦则皆为腐臭朽壤，而无所用矣，又安能养人七尺之躯⑧哉？"

樵者曰："火之功大于薪，固已知之矣。敢问善灼物，何必待薪而后传？"

曰："薪，火之体也。火，薪之用也。火无体，待薪然后为体⑨；薪无用，待火然后为用。是故凡有体之物，皆可焚之矣。"

曰："水有体乎？"

曰："然。"

曰："火能焚水乎？"

曰："火之性，能迎而不能随⑩，故灭。水之体，能随而不能迎⑪，故热。是故有温泉而无寒火⑫，相息之谓也。"

曰："火之道生于用，亦有体乎？"

曰："火以用为本，以体为末⑬，故动；水以体为本，以用为末，故静。是火亦有体，水亦有用也。故能相济，又能相息，非独水火则然，天下之事皆然，在乎用之何如尔！”

樵者曰：“用可得闻乎？”

曰：“可以意得^⑭者，物之性也；可以言传者，物之情也；可以象求^⑮者，物之形也；可以数取^⑯者，物之体也。用也者，妙万物为言者也^⑰，可以意得，而不可以言传。”

曰：“不可以言传，则子恶得而知之乎？”

曰：“吾所以得而知之者，固不能言传，非独吾不能传之以言，圣人亦不能传之以言也。”

曰：“圣人既不能传之以言，则六经非言也耶？”

曰：“时然后言，何言之有？”

樵者赞曰：“天地之道备于人，万物之道备于身，众妙之道备于神，天下之能事毕矣，又何思何虑！吾而今而后，知事心践形^⑱之为大。不及子之门，则几至于殆矣！”

乃析薪烹鱼而食之,饫^⑲而论《易》。

【注释】

　①烹之可也:烹煮后可以食用。"烹"指煮熟食物。

　②薪济子之鱼:用柴薪烹煮你的鱼。"济"在此指帮助或成就之意。

　③苟世未知火之能用薪:如果世人不知道火可以使用柴薪。苟:假如。

　④相生:互相促成。

　⑤相息:相互制约。

　⑥体用隐乎性:物体与其作用隐藏于本性之中。体:实体,指事物本身。用:功能。性:本性。

　⑦微火:微小或没有火。

　⑧七尺之躯:古代常用"七尺"指代成年男子的身高,此处泛指人体。

　⑨火无体,待薪然后为体:火没有实体,必须依靠

柴薪才能显现。体：实体存在。

⑩ 火之性，能迎而不能随：火的本性是向前蔓延，无法随水流动。迎：迎接，向前。随：跟随，随从。

⑪ 水之体，能随而不能迎：水的性质能随势而流，不能主动迎向火。

⑫ 有温泉而无寒火：有温泉却没有寒火。此处指水火相互制约的自然现象。

⑬ 火以用为本，以体为末：火以作用为根本，以形体为次要。

⑭ 意得：用心领悟。

⑮ 象求：通过形象推测。

⑯ 数取：用数量衡量。

⑰ 妙万物为言者也：能用言语表达的只是事物浅显的部分。妙：精妙之处。

⑱ 事心践形：修养内心，实践于形体。

⑲ 饫：饱足。

樵夫又问道:"鱼可以生吃吗?"

渔夫回答说:"把它煮熟了吃才行。"

樵夫说:"一定要用我的柴来帮助你煮鱼吗?"

渔夫回答说:"是的。"

樵夫说:"我知道我的薪柴对你是有用处的了。"

渔夫说:"你只知道你的柴能够帮助我煮鱼,却不知道你的柴之所以能帮助我煮鱼的缘由。柴能够帮助煮鱼这件事已经很久了,不是等你出现后人们才知道的。假如世人不知道火能够使用柴来点燃,那么你的柴即便堆积得像山丘一样,又能怎么样呢?"

樵夫说:"我希望听一听其中的道理。"

渔夫说:"火是从运动中产生的,水是从静止中产生的。动和静,水和火,相生相息。水火是事物的用,草木是事物的体。用产生于有利之处,体产生于有害之处。利和害表现在情中,体和用隐藏在性里。一性一情,只有圣人能够理解其中的奥妙。你的柴就如同我的鱼，没有火的话都会腐烂发臭坏掉，也就没什么用处了，又怎么能滋养人的身躯呢？"

樵夫说："火的功用比柴大，这件事我已经知道了。但请问火善于烧灼东西，为什么一定要依靠柴才能传递它的功用呢？"

渔夫说："柴是火的体，火是柴的用。火没有体，依靠柴才能有体；柴没有用，依靠火才有了用。所以凡是有体的东西，都是可以被焚烧的。"

樵夫问："水有体吗？"

渔夫回答说："有。"

樵夫问："火能焚烧水吗？"

渔夫回答说："火的特性是迎向物体，却不能跟从物体，所以会被水熄灭。水可以跟从物体，却不能迎向物体，所以会被火加热。所以有温泉却没有寒火，这就是相互克制的道理。"

樵夫问："火的功能产生于用，它也有体吗？"

渔夫回答说："火以用为根本，以体为次要，所以是动态的；水以体为根本，以用为次要，所以是静态的。因此火也是有体的，水也是有用的。它们既能相互辅助又能相互制约，不单单水火是这样，天下的事情都是如此，关键在于怎样去运用罢了。"

樵夫问："关于'用'的道理，我可以听一听（是怎么回事）吗？"

渔夫说："可以通过用心体会感受到的，是事物的本性；可以通过语言传达的，是事物的外在表现；可以通过外在寻求到的，是事物的形状；可以通过推求获取的，是事物的本质。'用'这个概念，是可以精妙描述万物的，可以通过心领神会得到，却不能通过言语传达。"

樵夫问："不能用言语传达，那你怎么能够知道它呢？"

渔夫说："我知道这些道理的方式，的确不能通过言语传达。不只是我不能用言语传达，圣人也不能用言语传达。"

樵夫问："既然圣人也不能用言语传达它，那么六经不是言传的产物吗？"

渔夫说："时机到了然后才言传，哪里有什么人在用语言传达呢？"

樵夫称赞说："天地间的道理在人内心中完备，万物的道理在身体上完备，众多奇妙的道理在精神上完备，天下所有的能力和智慧都已经齐备了，还有什么可思考和忧虑的呢！从今以后，我知道了修养内心、实践本分是最重要的。如果没有来到这里和你交谈，了解了事物本身，我几乎就要陷入危险的境地了。"

于是，樵夫劈开柴，烹煮了鱼来吃，吃饱了之后两个人开始谈论《易经》。

【解读】

这段对话在樵夫与渔夫之间展开，从柴与火的关系入手，延展到水与火的属性对比，最终探讨了功用与实体的关系，以及如何理解并应用万物的本性与规律。

这种从生活细节出发的哲学探讨，不仅揭示了事物之间深层的相互依存关系，还引发了对如何认识和运用天地之道的深刻思考。

对话的核心思想在于探讨实体与功用的辩证关系。渔夫通过柴与火的关系说明，火依赖柴作为实体才能发挥其功用，柴也需要火赋予其功用，二者缺一不可。这揭示了任何事物的存在与作用都必须相辅相成，无法孤立存在。类似地，水和火也被用作比喻，水以实体为根本，象征静止；火以功用为根本，象征运动。二者既相互制约又相互辅助，体现出事物在对立中的统一性和平衡性。

对话进一步升华到对万物运用的探讨。渔夫指出，功用的奇妙在于其不可言传，只能通过心意领会。这暗示了世间许多道理并非能完全用语言表达，而需要通过实践与感悟去体会。圣人虽然传承六经，以言语记录天地之道，但言语只是道理的载体，而非道理本身。言语的表达要因时而变、因事而定，而非一成不变。

这段文字对我们今天也有不少启示。首先，要认识到事物的依存关系。无论是柴与火，还是水与火，它们的关系象征着合作与制衡的重要性。这种依存关系也映射到人与人、人与自然的关系中，提醒我们在追求个人目标时，要尊重和维护与他人的共生关系；在使用自然资源时，要思考如何做到可持续发展。

其次，这段文字强调了实践与领悟的重要性。无论是圣人之道还是渔夫的生活智慧，最终都需要通过实践才能真正理解其内涵。现代社会中，知识的传播途径多种多样，但仅仅掌握知识并不足够，唯有将知识转化为行动，才能实现自我成长与社会进步。

最后，这段对话对"道"的理解给予我们深刻的思考：看似普通的生活细节中，蕴含着天地的运行规律。无论是柴煮鱼，还是日常劳作，背后都体现了自然之道的奥妙。

伊水话，天地之理

【原文】

渔者与樵者游于伊水之上。渔者叹曰："熙熙乎^①万物之多，而未始有杂^②。吾知游乎天地之间，万物皆可以无心^③而致之矣。非子则孰与归焉？"

樵者曰："敢问无心致天地万物之方？"

渔者曰："无心者，无意之谓也。无意之意，不我物也。不我物，然后定能物物^④。"

曰："何谓我，何谓物？"

曰："以我徇^⑤物，则我亦物也；以物徇我，则物亦我也。我物皆致，意由是明。天地亦万物也，何天地之有焉？万物亦天地也，何万物之有焉？万物亦我也，何万物之有焉？我亦万物也，何我之有焉？何物不我，何我不物！如是则可以宰⑥天地，可以司鬼神⑦。而况于人乎？况于物乎？”

樵者问渔者曰：“天何依？”

曰：“依乎地。”

曰：“地何附？”

曰：“附乎天。”

曰：“然则天地何依何附？”

曰：“自相依附⑧。天依形，地附气。其形也有涯⑨，其气也无涯⑩。有无之相生⑪，形气之相息。终则有始，终始之间，其天地之所存乎？天以用为本，以体为末；地以体为本，以用为末。利用出入之谓神⑫，名体有无之谓圣⑬。唯神与圣，能参乎天地者也。小人则日用而不知，故有害生实丧之患也。夫名也者，实之客也；利也者，害之主也。名生于不足⑭，利丧于有余⑮。害生于有余⑯，实丧于不足⑰。此理之常也。养身者必以利，贪夫则以身殉⑱利，故有害生焉。立身必以名，众人则以身殉名，故有实丧焉。窃人之财谓之盗。其始取之也，唯恐其不多也。及其败露也，唯恐其多矣。夫贿之与赃，一物而两名者，利与害故也。窃人之美谓之徼^⑲。其始取之也，唯恐其不多也。及其败露也，唯恐其多矣。夫誉与毁，一事也而两名者，名与实故也。凡言朝者，萃名之地也；市者，聚利之地也。能不以争处乎其间，虽一日九迁，一货十倍，何害生实丧之有耶？是知争也者，取利之端也；让也者，趋名之本也。利至则害生，名兴则实丧。利至名兴，而无害生实丧之患，唯有德者能之。天依地，地附天，岂相远哉！"

渔者谓樵者曰："天下将治，则人必尚行也；天下将乱，则人必尚言也。尚行，则笃实^⑳之风行焉。尚言，则诡谲^㉑之风行焉。天下将治，则人必尚义也；天下将乱，则人必尚利也。尚义，则谦让之风行焉；尚利，则攘夺^㉒之风行焉。三王^㉓，尚行者也；五霸^㉔，尚言者也。尚行者，必入于义也；尚言者，必入于利也。义利之相去，一何如是之远耶？是知言之于口，不若行之于身。行之于身，不若尽之于心。言之于口，人得而闻之；行之于身，人得而见之；尽之于心，神得而知之。人之聪明犹不可欺，况神之聪明乎？是知无愧于口，不若无愧于身；无愧于身，不若无愧于心。无口过易，无身过难；无身过易，无心过难。既无心过㉕，何难之有！吁！安得无心过之人，与之语心哉！"

【注释】

① 熙熙乎：繁盛、众多的样子。

② 未始有杂：从未显现混乱。

③ 无心：无私心、无成见。

④ 物物：顺应万物本性。

⑤ 徇：顺从、役使。

⑥ 宰：主宰。

⑦ 司鬼神：掌控鬼神之事。

⑧ 依附：相互依存。

⑨ 形也有涯：形体有限。

⑩ 气也无涯：气息无限。

⑪ 有无之相生：存在与虚无互相生成。

⑫ 神：神妙变化。

⑬ 圣：通达天地万物之理。

⑭ 名生于不足：名声源于缺乏成就。

⑮ 利丧于有余：利益因过剩而消失。

⑯ 害生于有余：灾害因过度产生。

⑰ 实丧于不足：实际因不足而丧失。

⑱ 殉：为某事牺牲。

⑲ 徼：攫取、夺取。

⑳ 笃实：忠厚诚信。

㉑ 诡谲：奸诈虚伪。

㉒ 攘夺：掠夺。

㉓ 三王：夏禹、商汤、周文王（重实践的圣王）。

㉔ 五霸：齐桓公、晋文公等（重口才权谋的霸主）。

㉕ 无心过：心无过失。

　　渔夫和樵夫在伊水之上游览。渔夫感叹道:"世间万物如此繁多,却不曾有杂乱之感。我知道在天地之间畅游,万物都可以用无心的方式了解。如果不是你,我又能和谁一起谈经论道呢?"

　　樵夫说:"请问以无心来了解天地万物的方法是什么?"

　　渔夫说:"无心,就是没有刻意的意思。没有刻意,就是不把自己和外物区分开来。不把我和物区分开来,然后才能真正物物相通。"

　　樵夫问:"什么是我,什么是物?"

　　渔夫说:"如果从我来观察物,那么我也就是物;如果从物来观察我,那么物也就是我。我和物相通,道理就简单明了了。天地也是万物,哪里还有天地之分呢?万物也是天地,哪里还有万物之分呢?万物也是我,哪里还有万物之分呢?我也是万物,哪里还有我之分呢?什么物不是我,我怎么就不是哪种物呢?像这样想，就可以主宰天地，可以掌管鬼神，更何况是人呢？更何况是物呢？"

樵夫问渔夫说："天依靠什么呢？"

渔夫回答说："依靠地。"

樵夫问："地依附什么呢？"

渔夫回答说："依附天。"

樵夫说："既然这样，那么天地依靠什么、依附什么呢？"

渔夫说："天地相互依靠依附。天依靠的是形，地依附的是气。形是有边界的，气是没有边界的。有和无相互产生，形和气相互依存。终结之后又有开始，在终结和开始之间，就是天地存在的地方吧。天把用当作本，把体当作末；地把体当作本，把用当作末。能够灵活运用和把握的就是神，能够命名形和无形的就是圣。只有神和圣，才能够参悟天地之间的奥秘。普通人每天使用却不知道其中的道理，所以有伤害生命、丧失实际的忧患。名，是实的外在表现；利，是害的根本所在。名产生于不足，利丧失于过度。害产生于过度，实丧失于不足。这是常理。人生活于世一定要依靠利，但贪婪的人会为了利而丧生，所以有害处产生。立身于世一定要依靠名，但普通人却会为了名而丧生，所以有丧失实际的情况发生。偷别人的财物叫作盗。开始偷的时候，唯恐偷得不多；等到败露的时候，唯恐偷得多了。财物和赃物，其实是同一个东西，（因为获取情况不一样）却有两个名字，是因为利和害的区别。窃取别人的美名叫作徼。开始窃取的时候，唯恐窃取得不多；等到败露的时候，唯恐窃取得多了。赞誉和诋毁，是一件事，（因为获取情况不一样）却有两个名字，是因为名和实的区别。凡是说朝，都说是聚集名的地方；提到市，都说是聚集利的地方。能够不存争斗之心在这中间生存，即使一天多次升迁，一种货物获得十倍利润，又哪里会有伤害生命、丧失实际的忧患呢？由此可知，争是求利的开始，让是求名的根本。利益来了祸害就产生，名声大了实就丧失。利益来了、名声大了，却没有祸害产生、实际丧失的祸患，只有有德行的人才能做到。天依靠地，地依附天，哪里会相差很远呢！"

渔夫对樵夫说："天下将要安定的时候，人们必定崇尚品行；天下将要混乱的时候，人们必定崇尚言论。崇尚品行，那么笃实的风气就会盛行；崇尚言论，那么诡谲的风气就会盛行。天下将要安定的时候，人们必定崇尚义；天下将要混乱的时候，人们必定崇尚利。崇尚义，那么谦让的风气就会盛行；崇尚利，那么抢夺的风气就会盛行。古代的三王，是崇尚品行的人；春秋五霸，是崇尚言论的人。崇尚品行的人必定会走向义，崇尚言论的人必定会走向利。义和利的差距，是如此之大啊！由此可知，说在口头上，不如落实在行动上；落实在行动上，不如尽心尽力在心里。说在口头上，别人能够听到；落实在行动上，别人能够看见；尽心尽力在心里，神灵能够知道。人的智慧尚且不能被欺骗，何况神明的智慧呢？由此可知，不在嘴上有过失，不如不在行动上有过失；不在行动上有过失，不如不在心里有过失。嘴上没有过失容易，行动上没有过失难；行动上没有过失容易，心里没有过失难。既然心里没有过失，还有什么困难呢！唉，怎样才能找到心里没有过失的人，和他谈论心性呢！”

【解读】

渔夫与樵夫的对话，从伊水之上的游玩开始，逐渐转向对天地、万物、人心与行为的深刻探讨。渔夫感叹世间万物虽繁多，却没有一丝杂乱，这是因为天地万物遵循着自然的规律，人与万物若以无心的方式共处，便可无障碍地融入天地之间的和谐。他解释“无心”的含义，是没有刻意追求的意念，不执着于得失，不分隔自我与外物，最终达至主宰万物的境界。这种智慧在于让人意识到，许多痛苦和焦虑源于执念。当我们不再将自己与外界对立，而是顺应自然，便能找到内心的自由与生活的平衡。

渔夫进一步以天地为例，讲述天依靠地、地依附天的关系，揭示宇宙万物的对立统一法则。天的形有边界，而地的气无边界；天和地相辅相成，有和无相互生发，形与气相互制约，构成天地万物循环不息的根本。万物的存在依赖于这种平衡，对立之中蕴含着和谐。渔夫的阐释让人反思，人与人、人与自然之间也有着类似的依存关系。合作和相互支持是力量的源泉，而孤立和割裂则可能带来混乱和破坏。这种天地之道提醒人们，无论是个体还是社会，都需要在对立与统一中寻找共生之路。

　　在名与利的讨论中，渔夫通过分析名和利的关系，指出名是实际的外在表现，而利是害的根本所在。过度追逐名利，容易让人伤害自身或失去本心。为了名，人可能会牺牲实际的利益；为了利，人又可能失去生命。这种利害的纠葛不仅在于个人，也体现了整个社会的风气。渔夫提到，偷窃者在开始时担心偷得不够，败露时却害怕偷得太多。这揭示了名与利的两面性：它们可能在一开始带来满足，却因失衡而引发更多危害。这一警示具有超越时代的意义，当今社会对名与利的过度追求，正是导致许多人与社会问题的根源。渔夫提醒我们，真正有德行的人能够超越名利的羁绊，找到生命的平衡与内在的安宁。

渔夫的思考从个体延展到社会。他指出，天下安定时，人们崇尚行动；而混乱时，人们崇尚言语。行动能带来笃实的风气，言语则容易滋生诡诈之风。同样，安定的社会崇尚义，混乱的社会崇尚利。义的流行带来谦让与和平，而利的泛滥则引发争斗与掠夺。渔夫用历史证明，三王之治因崇尚行动而成就天下，五霸之争因崇尚言语而导致混乱。这种对历史的总结让人明白，社会的繁荣与稳定，源自人们对义与行动的推崇，而非沉迷于言辞与利欲的争斗。

最后，渔夫将讨论推向更高层次。他认为，真正的道义和德行不仅体现在言语和行动上，更在于内心的修养。口中无愧易做到，行为无过也并非难事，但要做到内心无愧却是至高的境界。内心的纯净是人立身之本，无愧于心才能坦然面对天地与人生。渔夫感叹，世上难得找到完全内心无愧的人，更难得与这样的智者共谈内心。渔夫的这番话既是对世人执迷于名利与外在行为的惋惜，也是对每个人的提醒：只有从内心出发，修炼德行，才能真正领悟天地之道，成就无愧于己的安稳人生。

整个对话从自然界的规律谈到人类社会的秩序，再到内心修养的探讨，层层递进，引发人们对生命、社会与自身的深刻思考。渔夫以平静的智慧道出一个亘古不变的真理：生活的平衡源于对自然法则的遵循，个人的安宁在于内心的无愧。无论面对名利的诱惑还是社会的喧嚣，唯有内心笃定，才能在繁杂的世界中找到真正的自由与平和。

观万物，通达至圣

【原文】

渔者谓樵者曰："子知观天地万物之道乎？"

樵者曰："未也。愿闻其方。"

渔者曰："夫所以谓之观物①者，非以目观之也，非观之以目，而观之以心也；非观之以心，而观之以理②也。天下之物，莫不有理焉，莫不有性焉，莫不有命焉。所以谓之理者，穷③之而后可知也；所以谓之性者，尽④之而后可知也；所以谓之命⑤者，至⑥之而后可知也。此三知⑦也，天下之真知也，虽圣人无以过之也。而过之者，非所以谓之圣人也。

"夫鉴⑧之所以能为明者，谓其能不隐万物之形也；虽然鉴之能不隐万物之形，未若水之能一万物之形也；虽然水之能一万物之形，又未若圣人之能一万物情也。

"圣人之所以能一万物之情⑨者，谓其圣人之能反观⑩也。所以谓之反观者，不以我观物也。不以我观物者，以物观物之谓也。又安有我于其间哉？

"是知我亦人也，人亦我也，我与人皆物也。此所以能用天下之目为己之目⑪，其目无所不观矣；用天下之耳为己之耳，其耳无所不听矣；用天下之口为己之口，其口无所不言矣；用天下之心为己之心，其心无所不谋矣。

"夫天下之观，其于见⑫也，不亦广乎！天下之听，其于闻⑬也，不亦远乎！天下之言，其于论⑭也，不亦高乎！天下之谋，其于乐⑮也，不亦大乎！

"夫其见至广，其闻至远，其论至高，其乐至大，能为至广、至远、至高、至大之事，而中无一为焉，岂不谓至神至圣⑯者乎？非唯吾谓之至神至圣者乎，而天下谓之至神至圣者乎？非唯一时之天下谓之至神至圣者乎，而千万世之天下谓之至神圣者乎？过此以往，未之或知也已。”

【注释】

① 观物：观察万物。

② 理：事物的法则与道理。

③ 穷：穷究、探究。

④ 尽：彻底理解。

⑤ 命：事物发展的必然性或天命。

⑥ 至：达到极致。

⑦ 三知：理、性、命三种智慧的理解。

⑧ 鉴：镜子。

⑨ 一万物之情：洞察、包容万物的真实情状。

⑩ 反观：内省，反思自身。

⑪ 用天下之目为己之目：借用众人的眼光观察世界。

⑫ 见：见识，眼界。

⑬闻：听闻，耳力所及范围。

⑭论：讨论，言辞的高度。

⑮乐：乐趣，精神的愉悦与境界。

⑯至神至圣：最为通达智慧、超凡入圣之人。

【译文】

渔夫对樵夫说："你知道观察天地万物的方法吗？"

樵夫说："不知道。但我想听一听这方法是什么。"

渔夫说："所谓观察事物，不是只用眼睛去看它。不用眼睛去看，而是用心去观察；也不是用心去观察，而是依据理去观察。天下的事物，无一没有理，无一没有性，无一没有命。所谓理，深入探究之后才能知晓；所谓性，完全了解之后才能知晓；所谓命，达到一定境界之后才能知晓。这三种认知，是天下真正的智慧，即使是圣人也不能超越这种观察方法。如果有人超越了，那就不止是圣人的境界了。

"镜子之所以能够照得清楚明白，是因为它不隐藏万物的形态。虽然镜子能如实映照万物形态，却比不上水能够使万物形态在其中得到统一呈现；虽然水能够使万物形态在其中统一呈现，但又比不上圣人能够洞察万物的本情。

　　"圣人之所以能够洞察万物的本情，是因为圣人能够反观内心。所谓反观，就是不以自己的角度去观察万物。不以自己的角度去观察万物，而是从万物本身的角度去观察万物。如果能做到以万物本身的角度去观察万物，又哪里会有'我'（主观偏见等）夹杂在其中呢？

　　"由此可知，我也是他人，他人也是我。我和他人都是物。这样来看，能够用天下人的眼睛作为自己的眼睛，那么眼睛就没有什么看不到的了；用天下人的耳朵作为自己的耳朵，那么耳朵就没有什么听不到的了；用天下人的嘴巴作为自己的嘴巴，那么嘴巴就没有什么不能说的了；用天下人的心思作为自己的心思，那么心思就没有什么不能谋划的了。

"观察天下的这种方式，从所见来说，不是很广阔吗？听闻天下的这种方式，从所闻来说，不是很深远吗？谈论天下的这种方式，从所论述的内容来说，不是很高妙吗？谋划天下的这种方式，从所带来的好处来说，不是很宏大吗？

"所见极为广阔，所闻极为深远，所论极为高妙，所乐极为宏大，能够做极为广阔、极为深远、极为高妙、极为宏大的事，然而心中却没有一点刻意为之的想法，难道这不可以说是至神至圣的人吗？不只是我称其为至神至圣的人，而且天下人也会称其为至神至圣的人；不只是当时天下的人认为他是至神至圣的人，千秋万代的人都会认为他是至神至圣的人。超过这个范围再往前去探索，未来的疑惑就能够知晓了。"

【解读】

这段对话以"观察天地万物的方法"为引，层层展开，从眼观到心察，再到理悟，最终上升到圣人所达到的至高境界。渔夫以深入浅出的语言揭示了认知的本质，强调了观察事物需超越表象、摆脱主观局限，从道理、本性和命运的层面去体悟万物的情理和规律。这番阐释既是对宇宙万物奥秘的探讨，也是对人类如何超越自身局限、达至至高智慧的深刻启示。

渔夫指出，仅凭眼睛观察，容易局限于表象；即便用心观察，也难免带有主观情感；唯有通过道理，才能真正接近事物的本质。这表明，对万物的认知必须从浅入深、从外在到内在，最终依循规律和道理。这种认知路径提醒我们，在面对复杂事物时，不应止步于表面的视觉感知或个人主观判断，而应追求更深层次的理性分析和哲学反思。

在探讨圣人的境界时，渔夫将"反向观察"作为核心理念，意指放下主观偏见，从万物本身的角度出发，去体悟事物的本性与情理。只有完全剔除"我"的执念，与万物融为一体，才能做到以天下人的眼、耳、口、心为己用，进而实现极为广阔、深远、高妙、宏大的观察、听闻、言论与谋划。这种观点凸显了换位思考和全局观念的重要性。现代社会中，这一理念尤为适用，无论是解决人际矛盾还是制定政策决策，若能站在不同立场审视问题，就能更全面、更客观地作出判断。

渔夫将观察天地的境界推向极致，提出"至神至圣"的境界，即能穷尽世间的广阔与深远、妙理与乐趣，却又不带丝毫刻意为之的意念。这种无为而为的状态，正是圣人之所以被称为圣人的原因，也是千百世人所共同景仰的最高智慧。无为并非无所作为，而是顺应自然，不带偏执与造作，在尊重万物本性的同时，发挥自身的聪明才智。这种"无心"的态度不仅是对天地万物的最好敬畏，也是对人生智慧的最佳诠释。

从这段对话中可以领悟到，人类认知的核心在于不断突破自身的局限，从狭隘的个人视角迈向广阔的宇宙视野。渔夫以镜子、水与圣人作比喻，说明圣人之所以能超越世俗，在于他们能够抛却个人成见，与万物的情理融合一体。无论是观察、倾听、表达，还是谋划，他们都以天下人的角度行事，因而具有非凡的智慧与力量。

命与分，天人有别

【原文】

　　樵者问渔者曰："子以何道而得鱼？"

　　曰："吾以六物①具而得鱼。"

　　曰："六物具②也，岂由天乎？"

　　曰："具六物而得鱼者，人也。具六物而所以得鱼者，非人也。"

　　樵者未达，请问其方。

　　渔者曰："六物者，竿也，纶③也，浮④也，沉⑤也，钩也，饵也。一不具，则鱼不可得。然而六物具而不得鱼⑥者，非人也。六物具而不得鱼者有焉，未有六物不具而得鱼者也。是知具六物者，人也。得鱼与不得鱼，天也。六物不具而不得鱼者，非天也，人也。"

樵者曰："人有祷⑦鬼神而求福者，福可祷而求耶？求之而可得耶？敢问其所以。"

曰："语善恶者，人也；福祸者，天也。天道福善而祸淫⑧，鬼神岂能违天乎？自作之咎，固难逃已。天降之灾，禳⑨之奚益⑩？修德积善⑪，君子常分。安有余事于其间哉！"

樵者曰："有为善而遇祸，有为恶而获福者，何也？"

渔者曰："有幸与不幸⑫也。幸不幸，命⑬也；当不当，分⑭也。一命一分，人其逃乎？"

曰："何谓分？何谓命？"

曰："小人之遇福，非分⑮也，有命也；当祸，分也，非命也。君子之遇祸，非分也，有命也；当福，分也，非命也。"

【注释】

①六物：竿、纶（钓线）、浮（浮漂）、沉（坠子）、钩（鱼钩）、饵（鱼饵）。

②具：具备、准备齐全。

③纶：钓线。

④浮：浮漂。

⑤沉：坠子。

⑥得鱼：钓到鱼。

⑦祷：祈求神灵保佑。

⑧福善而祸淫：天道奖励善行，惩罚邪恶。

⑨禳：祈祷消灾解难。

⑩奚益：表示没有好处或益处。

⑪修德积善：修养道德，积累善行。

⑫幸与不幸：幸运与不幸。

⑬命：天命，难以改变的外在安排。

⑭分：本分，个人行为应得的结果。

⑮非分：超出分内，不应得的结果。

【译文】

樵夫问渔夫说："你用什么方法钓到鱼呢？"

渔夫回答说："我凭借六种渔具钓到鱼。"

樵夫说："六种渔具都准备好了，剩下的事情难道是由天决定的吗？"

渔夫说："准备了六种渔具而钓到鱼，是通过人的努力所做到的。但准备了六种渔具后能否钓到鱼，却不是人的能力所能决定的。"

樵夫没有完全明白渔夫的话，请求渔夫进一步解释其中的道理。

渔夫说："这六种渔具是鱼竿、鱼线、浮标、铅坠、鱼钩和鱼饵。缺少一样，就钓不到鱼。然而，即使准备了这六种渔具却仍可能钓不到鱼，那就不是人的原因了。准备了六种渔具却钓不到鱼的情况是有的，但没有不准备六种渔具却能钓到鱼的情况。由此可知，准备六种渔具，是人的作为；钓到鱼还是钓不到鱼，是天意。不准备六种工具而钓不到鱼，不是天意，而是人的原因。"

樵夫说:"有人向鬼神祈祷以求福,福可以通过祈祷得到吗?求就能得到吗?我想问问其中的道理。"

渔夫说:"谈论善恶的,是人;决定福祸的,是天。天道让善人得福而让恶人遭祸,鬼神难道能违背天道吗?自己作的孽,本来就难以逃脱。上天降下的灾祸,祈祷又有什么用呢?修养品德积累善行,是君子的本分。哪里还有其他的事情夹杂在其中呢!"

樵夫说:"有做善事却遭遇灾祸的,有做恶事却获得福分的,这是为什么呢?"

渔夫说:"这是幸运和不幸运的区别。幸运与不幸运,是命中注定的;遇到与遇不到,是分内应得的。一个人一生中的命运和福分,是人能逃避得掉的吗?"

樵夫说:"什么是分内?什么是命运?"

渔夫说:"小人遇到福分,不是分内应得的,而是命中偶然得到的;遇到灾祸,是分内应得的,不是命中注定的。君子遇到灾祸,不是分内应得的,是命中偶然得到的；遇到福报，是分内应得的，不是命中偶然得到的。"

【解读】

这段对话围绕"得鱼"和"祈福"的主题展开，渔夫通过对"人力"和"天命"的关系进行阐释，深入探讨了人的努力与命运之间的界限。通过具体的例子和抽象的哲理，他揭示了天命与人为、善恶与福祸、命与分的本质差别，为我们理解个人行为和外部环境的关系提供了深刻的启示。

渔夫首先解释了"得鱼"所需的六种物品：鱼竿、鱼线、浮标、铅坠、鱼钩、鱼饵。他指出，六种物品缺一不可，这是人力可以掌控的范围。然而，六种物品俱全却未必能钓到鱼，这是由天命决定的。反之，如果六种物品不具备，则无法得鱼，这显然是人为的原因。通过这种分析，渔夫明确区分了"人力所能为"和"天命所决定"的边界。这段话告诉我们，在生活中，做好自己的本分是基础，但结果如何常常不完全由人决定。我们只能在力所能及的范围内努力，至于最终结果，则需顺应天命，不可强求。

接着，渔夫以"祈福"为例，进一步剖析了人力与天命的关系。他认为，福祸的决定权在于天，而非鬼神。天道公正，让善人得福，让恶人受祸，这一规律不会因祈祷而改变。真正的修养在于积累善行，这是君子的责任和本分，而非寄希望于外在的祈求。这一观点明确地传递了"善有善报，恶有恶报"的信念，同时提醒人们不要过分依赖外力，而应以自身的努力为根本。

樵夫提出质疑，指出现实中存在善人遭祸、恶人得福的现象，渔夫对此作出了解释。他认为，这与"幸运"和"不幸运"有关，是命运的体现；而"应当"的灾祸或福分，则属于个人的本分。他用"命"和"分"来区分这种复杂的关系：命是不可抗拒的外在安排，而分是个人应尽的内在责任。一个人遇到与本分不符的福祸，是命的作用；而遭遇符合自己行为的结果，则是分的体现。通过这个分析，渔夫强调，人在命运面前不可妄自非议，也不可放弃自身的道德修养。

从这段对话中可以领悟到，人力和天命的关系是一种动态的平衡。生活中，我们常常面对"尽人事，听天命"的困惑：一方面，需要全力以赴地做好自己应做的事；另一方面，也需坦然接受结果的不确定性。渔夫的话提醒我们，真正的智慧在于分清责任与外力的界限，不因祸福的偶然性而动摇内心的平静。

此外，关于善恶与福祸的关系，渔夫的回答既符合天道的正义观念，又避免了绝对化的简单判断。他指出，即便存在命运的不公，善行仍是君子不可放弃的本分。这种对善的坚持不仅是对个人道德的要求，更是对天道和社会秩序的尊重。

利与义，消长相克

【原文】

渔者谓樵者曰："人之所谓亲①，莫如父子也；人之所谓疏②，莫如路人也。利害③在心，则父子过路人远矣。父子之道，天性④也。利害犹或夺之，况非天性者乎？夫利害之移人，如是之深也，可不慎乎？路人之相逢则过之，固无相害之心焉，无利害在前故也。有利害在前，则路人与父子又奚择焉？路人之能相交以义，又何况父子之亲乎？夫义者，让⑤之本也；利者，争⑥之端也。让则有仁⑦，争则有害。仁与害，何相去之远也！尧、舜亦人也，桀、纣亦人也，人与人同，而仁与害异尔，仁因义⑧而起，害因利而生。利不以义，则臣弑⑨其君者有焉，子弑其父者有焉。岂若路人之相逢，一目而交袂⑩于中逵⑪者哉！"

樵者谓渔者曰："吾尝负薪矣，举百斤⑫而无伤吾之身，加十斤则遂伤吾之身，敢问何故？"

渔者曰："樵则吾不知之矣。以吾之事观之，则易地皆然。吾尝钓而得大鱼，与吾交战。欲弃之，则不能舍；欲取之，则未能胜。终日而后获，几有没溺⑬之患矣。非直有身伤之患耶？鱼与薪则异也，其贪而为伤则一也。百斤力，分⑭之内者也；十斤力，分之外者也。力分之外，虽一毫犹且为害，而况十斤乎！吾之贪鱼，亦何以异子之贪⑮薪乎！"

樵者叹曰："吾而今而后，知量力而动⑯者，智矣哉！"

【注释】

① 亲：亲近，指父子等至亲关系。

② 疏：疏远，指路人等陌生人。

③利害：利益与损害。

④天性：自然生成的亲情本性。

⑤让：谦让，退让。

⑥争：争夺，争斗。

⑦仁：仁爱之心。

⑧义：道义、公正之理。

⑨弑：臣杀君，子杀父的不义行为。

⑩交袂：衣袖相交，形容擦肩而过。

⑪中逵：道路交会之处。

⑫举百斤：背负一百斤重量。

⑬没溺：溺水。

⑭分：能力范围。

⑮贪：过度追求。

⑯量力而动：衡量自身能力后再行动。

【译文】

渔夫对樵夫说："人们口中最亲近的关系，莫过于父子；最疏远的关系，莫过于路人。然而，如果心中被利害左右，父子之间的关系会比路人还要疏远。父子之情是天生的，但即便是这样的天性，也可能被利害侵夺，更何况那些不是天性的关系呢？利害对人的影响如此之深，怎能不慎重对待？路人相遇之后各自离开，彼此之间无加害之心，因为他们之间没有利害关系。但如果有了利害关系，那么路人和父子之间又有什么选择呢？路人之间尚且能够以道义相交往，更何况父子这样亲近的关系呢？义是谦让的根本，利是争斗的根源。谦让会带来仁爱，而争夺则会引发伤害。仁爱与伤害，二者相差何其远！尧、舜是人，桀、纣也是人，人与人本相同，但仁爱与伤害却截然不同。仁爱因义而生，伤害因利而起。如果追逐利益而不讲义理，那么臣子杀害君主、儿子杀害父亲的事情就有可能发生。这样君臣、父子之间的关系，还不如相遇后擦肩而过的路人了！"

樵夫接着问渔夫："我曾经背过柴，扛一百斤对我身体无害，但再加十斤，却让我感到不堪重负。请问，这是为什么呢？"

渔夫回答："伐木的事我不了解。不过以我钓鱼的经验来看，各行各业都如此。我曾经钓到一条大鱼，与它较量许久。想放弃，却舍不得；想捕获，却又战胜不了。整整一天下来才捉到它，但我差点因此溺水。这难道只会带来身体受伤的隐患吗？虽然鱼和柴不同，但因为贪婪而受伤的道理是一样的。一百斤是在你力所能及的范围内，而那多出的十斤，却超出了你的能力范围。超出能力范围，哪怕只是多出一毫，也会造成危害，更何况是十斤！我因贪鱼而受伤，和你因贪柴而受伤又有什么不同呢？"

樵夫感叹道："从今以后，我才知道量力而行才是真正的智慧啊！"

【解读】

这段对话从人的亲疏谈起，探讨了利害对人性与关系的深刻影响，继而通过樵夫与渔夫的亲身经历，引出对贪欲与量力而行的反思。渔夫以浅显易懂的比喻道出了深刻的哲理，为我们提供了思考人际关系与行为尺度的重要视角。

渔夫指出，父子是人们口中最亲近的关系，但一旦利害之心侵入，甚至会比路人还要疏远。这揭示了人性中的矛盾——本该由天性维系的亲情，在利益面前也可能失去纯粹。相较之下，路人因为没有直接的利害冲突，反而更能以一种纯粹的义理相待。这种对比让我们意识到，利害是人际关系中最敏感的变量，既能将亲情拉远，也能让陌生人亲近。正如渔夫所言，"义"是谦让的基础，而"利"则是争夺的起点。义能催生仁爱，利则容易滋生伤害。尧、舜以义行仁，成就千古英名；桀、纣因利施害，遗臭万年。二者虽同为人，但因所行之道不同，人生的结果天差地别。这段话提醒我们，在追逐利益时，不能忽视义理的约束。仁爱可以修复和维持关系，而过度的利欲则可能使最亲密的关系分崩离析。

接下来，樵夫用扛柴的例子提出了对"分寸"的疑问。他发现自己能轻松负担百斤，却因多出十斤而感到不堪重负。渔夫通过自己的钓鱼经历回应了这一问题，说明贪婪带来的后果。钓鱼本是他的能力范围，但因为想抓住那条大鱼，他耗尽力气、冒险捕获，差点溺水。这个教训让他明白，超出自身能力范围的追求，无论看似多么微小，都会带来潜在的危害。渔夫将鱼与柴作类比，指出虽然二者性质不同，但因贪念而受害的道理是相通的。贪婪使人超越自己的极限，而这种超越往往以损害自身为代价。

这段对话中的核心思想是对"量力而行"的强调。无论是处理人际关系还是面对自身需求，都要有清晰的边界意识。渔夫的教诲不仅适用于樵夫伐木，也适用于我们的生活。很多时候，人们因贪求更多的利益、地位或资源，而忽视了自己的承受能力，最终陷入身心俱疲甚至失败的境地。量力而行并非不思进取，而是以自身能力为基础，做出理性、恰当的选择。

渔夫的话还提供了一个重要的社会警示：人际交往中，过度的利欲会使关系异化，甚至导致伤害。父子之间因利害而疏远的现象并不鲜见，正因如此，渔夫特别提倡用"义"来维系关系。在家庭关系中，这意味着彼此关怀与付出；在社会关系中，则需要推崇公平与尊重。

樵夫的感叹——"知量力而动者，智矣哉"——是对渔夫教诲的深刻领悟。这句话不仅是一种生活态度，也是一种人生哲学。它提醒我们，认清自身的能力与局限，保持适度的追求，既是保护自己，也是对生活的尊重。在一个强调竞争与效率的现代社会，这种量力而行的智慧尤为重要。唯有在追求目标时保持理性，才能平衡得与失，避免因过度追求而付出沉重代价，进而真正获得持久的幸福与满足。

太极生，万物分化

樵者谓渔者曰："子可谓知《易》之道矣。吾敢问:《易》有太极^①，太极，何物也?"

曰："无为^②之本也。"

曰："'太极生两仪'^③，两仪，天地之谓乎?"

曰："两仪，天地之祖也，非止为天地而已也。太极分而为二，先得一为一，后得一为二，一二^④谓两仪。"

曰："'两仪生四象'^⑤，四象，何物也?"

曰："大象谓'阴阳刚柔'^⑥。有阴阳，然后可以生天;有刚柔，然后可以生地。立功之本，于斯为极。"

曰："'四象生八卦'^⑦，八卦，何谓也?"

曰:"谓乾、坤、离、坎、兑、艮、震、巽之谓也。迭相盛衰,终始^⑧于其间矣。因而重之,则六十四卦^⑨由是而生也,而《易》之道^⑩始备矣。"

【注释】

①太极:宇宙本源,万物生成的根本。

②无为:自然无为,不加人为干预的本源状态。

③两仪:阴、阳两种基本对立面或天地之根源。

④一二:太极初分为一,再分为二,即两仪(阴阳)。

⑤四象:大象,指阴阳进一步分化为少阳、老阳、少阴、老阴。

⑥阴阳刚柔:阴柔、阳刚之性,构成万物变化的基础。

⑦八卦:乾(天)、坤(地)、离(火)、坎(水)、兑(泽)、艮(山)、震(雷)、巽(风)。

⑧终始：阴阳消长、事物循环变化的过程。

⑨六十四卦：八卦两两重叠形成的六十四种卦象。

⑩《易》之道：指《周易》中描述的宇宙万物生成与变化的规律。

【译文】

樵夫对渔夫说："你真可以称得上是懂得《易经》之道的人了。我想请教你，《易经》中所说的'太极'，究竟是什么？"

渔夫回答："太极是'无为'的根本。"

樵夫又问："太极生两仪，那么'两仪'是指天地吗？"

渔夫答道："两仪是天地的根源，不仅仅是指天地而已。太极分化成两个部分，先得到的一部分称为'一'，后得到的一部分称为'二'，这一和二就是'两仪'。"

樵夫继续问："两仪生四象，那么'四象'又是什么呢？"

渔夫回答："四象是阴阳、刚柔。有了阴阳，之后产生天；有了刚柔，之后形成地。这是建立功绩的根本，到了这个地步就达到了极致。"

樵夫又问："四象生八卦，那么'八卦'指的是什么呢？"

渔夫解释道："八卦指的是乾、坤、离、坎、兑、艮、震、巽。它们相互交替盛衰，周而复始。将这八个卦重叠组合，就产生了六十四卦，这样《易经》的道理就完备了。"

【解读】

这段对话围绕《易经》的核心概念展开，通过樵夫的提问与渔夫的解答，逐步揭示了太极、两仪、四象与八卦之间的内在关系，深入探讨了《易经》对天地万物生成与变化的哲学阐释。这既是对宇宙生成秩序的描绘，也是对自然规律与人生智慧的探索。

樵夫首先问及太极的本质，渔夫回答太极是"无为之本"，点明了太极作为一切存在之源的特性。"无为"并非毫无作为，而是顺应自然、不加干涉的本然状态。太极包含一切，未分化前为浑然一体，潜藏着无穷的变化可能。这种状态不仅是宇宙的本原，也是人类心灵追求的终极状态——返璞归真、与天地合一。

当樵夫问到两仪时，渔夫将其定义为太极的分化结果，是"一"和"二"的概念。这表明，太极一分为二后，生成了万物变化的基础。两仪既是天地的根源，也是阴阳的象征。在《易经》中，阴阳是一切变化的动力，它们的交互推动了万物的生成与发展。这种理念启示我们，世界上的对立面（如光明与黑暗、刚强与柔和）不仅是互相对立的，更是彼此依存、共同构成整体的部分。

接着，渔夫讲解了四象的含义，进一步丰富了两仪的内涵。四象由阴阳与刚柔组成，阴阳对应天地之道，刚柔对应事物的具体形态。通过这一层次，万物有了具体的表现形式，天体现了阳刚之气，地呈现了阴柔之性。这一思想不仅揭示了自然界中天与地、刚与柔的平衡之道，也提醒人们生活中需要在刚柔之间找到中庸之道，以实现个人与环境的和谐。

当樵夫问到八卦时，渔夫将其定义为自然现象的符号化表达，包括乾（天）、坤（地）、离（火）、坎（水）、兑（泽）、艮（山）、震（雷）、巽（风）。八卦象征着自然界中最基本的八种状态，它们彼此交替，生生不息，展现了宇宙的动态平衡。八卦的变化与组合生成了六十四卦，这不仅是对天地万物复杂性的概括，也是一套高度抽象的哲学符号系统，蕴含着万事万物的运行规律。

通过这段对话，渔夫以《易经》的核心概念揭示了自然万物的生成逻辑和变化规律，同时将这些哲学思想与人生智慧紧密结合。他的解答提醒我们，太极的

"无为"、两仪的"对立统一"、四象的"刚柔结合"、八卦的"循环变化",不仅是理解宇宙的基础,也为人们提供了如何处理生活问题的智慧。太极教会我们顺应自然,不妄自强求;两仪和四象提醒我们在对立与矛盾中寻求平衡;八卦则启发我们以动态的眼光看待世界,在变化中把握机遇。

这段对话最终揭示了《易经》的思想核心:天地万物虽有表面上的分化与差异,但本质上却是一体相连的整体。通过对太极、两仪、四象和八卦的理解,我们不仅能更好地认识自然与宇宙,也能从中汲取智慧,指导自身的行为与选择,最终实现人与自然、人与人之间的和谐统一。这种来自《易经》的哲学思想,跨越了时代,仍然为现代人提供了宝贵的智慧与启示。

天地心，生死循环

　　樵者问渔者曰："复^①何以见天地之心乎？"

　　曰："先阳已尽^②，后阳始生^③，则天地始生之际，中则当日月始周之际，末则当星辰始终之际。万物死生，寒暑代谢，昼夜变迁，非此无以见之。当天地穷极^④之所必变，变则通，通则久^⑤，故《象》言'先王以至日闭关，商旅不行，后不省方'，顺天故也。"

　　樵者谓渔者曰："无妄^⑥，灾也。敢问何故？"

　　曰："妄^⑦，则欺也。得之必有祸，斯有妄也，顺天而动，有祸及者，非祸也，灾^⑧也。犹农有思丰而不勤稼穑者，其荒也，不亦祸^⑨乎？农有勤稼穑^⑩而复败诸水旱者，其荒也，不亦灾乎？故《象》言'先王以茂对时，育万物'，贵不妄也。"

樵者问曰："姤⑪，何也？"

曰："姤，遇也。柔遇刚⑫也，与夬⑬正反。夬始逼壮，姤始遇壮，阴始遇阳，故称姤焉。观其姤，天地之心亦可见矣。圣人以德化及此，罔有不昌。故《象》言'施命告四方'，'履霜'之慎，其在此也。"

渔者谓樵者曰："春为阳始⑭，夏为阳极⑮，秋为阴始⑯，冬为阴极⑰。阳始则温⑱，阳极则热⑲；阴始则凉⑳，阴极则寒㉑。温则生物，热则长物，凉则收物，寒则杀物。皆一气别而为四㉒焉。其生万物也亦然。"

【注释】

①复：指《易经》六十四卦中的"复卦"，象征阳气初生、循环复始。

②先阳已尽：旧的阳气消失。

③后阳始生：新的阳气开始生发。

④穷极：发展到极限。

⑤通则久：变化畅通，则可长久持续。

⑥无妄：指《易经》中的"无妄卦"，象征无妄之灾或不正常的祸患。

⑦妄：虚妄、欺骗。

⑧灾：不可抗的天灾，如水旱等。

⑨祸：人为造成的祸患，如懒惰导致歉收。

⑩稼穑：播种与收割，泛指农业劳作。

⑪姤：《易经》中的"姤卦"，象征不期而遇或柔遇刚。

⑫柔遇刚：阴柔之物遇到阳刚之物。

⑬夬：指"夬卦"，象征阳盛逼迫阴消。

⑭阳始：阳气初生（春季）。

⑮阳极：阳气最盛（夏季）。

⑯阴始：阴气初生（秋季）。

⑰阴极：阴气最盛（冬季）。

⑱温：温暖，促使生长（春）。

⑲ 热：炎热，使万物生长茂盛（夏）。

⑳ 凉：凉爽，万物收敛（秋）。

㉑ 寒：寒冷，万物凋零（冬）。

㉒ 一气别而为四：同一元气分化为四季变化。

【译文】

樵夫问渔夫："怎么才能从复卦看出天地的本心呢？"

渔夫回答："当先前的阳气已经耗尽，新的阳气开始萌生时，就是天地初生的时刻。中间，则是日月开始周而复始运行的时刻；到了末尾，则是星辰始终运行的时刻。万物生死更替，寒暑轮回交替，昼夜不断变迁，没有这些就不能看出天地的本心。如果天地万物到达穷尽之处，必然会发生变化。变化则意味着通达，通达才能持久。因此，《易经·象传》中说：'先王在至日闭关，商旅不再出行，诸侯也不再巡视四方'，这是顺应天道的表现啊。"

樵夫又问："无妄，灾也(《易经·杂卦》)。请问是什么意思？"

渔夫解释道："'妄'就是欺诈，必然会招致祸患，这就叫'妄'。如果顺应天道行事，却仍然遇到不好的事情，那就不是祸患，而是天降的灾难。就像农民希望丰收却不肯辛勤耕种，最终荒废了庄稼，这不正是自作自受的祸患吗？而农夫已经辛勤耕种，却因水灾或干旱而导致庄稼歉收，这不是天降的灾难吗？因此，《易经·象传》说：'先王顺应时节，使万物繁盛'，就是强调不可妄为啊。"

樵夫继续问道："那姤卦是什么意思呢？"

渔夫答道："姤卦，意为相遇，阴柔遇到阳刚，与夬卦正好相反。'夬'开始逼近阳刚，'姤'开始遇到阳刚，阴初遇阳，因此称为'姤'。观察姤卦，可以看出天地的本心。圣人以德教化，达到这个境界，万物就不会有不繁荣昌盛的。《易经·象传》说'施行政令，告诫四方’，正如初见冬霜，提醒人们谨慎行事。”

渔夫又说道：“春天代表阳气初生，夏天阳气达到极盛，秋天阴气初生，冬天阴气极盛。阳气初生时，气温温暖；阳气极盛时，天气炎热；阴气初生时，天气转凉；阴气极盛时，天气严寒。温暖滋养万物，炎热促使万物生长；凉爽让万物成熟，严寒则让万物凋零。一股天地之气分化为四种状态，万物的生长也是如此啊。”

【解读】

这段对话通过樵夫与渔夫的问答，深入探讨了天地的本心、天道的运行规律以及《易经》中的重要象辞，如“无妄”“姤”等。渔夫以天地的变化为例，将深奥的哲学思想与自然现象紧密结合，不仅阐明了自然界的运行规律，也揭示了人类行为应如何与天道相顺应的智慧。

渔夫首先解释了天地的本心，通过天地气息的变化和自然现象的更替，将天道的本质展现在樵夫面前。他以阳气的生发与消尽、日月星辰的运行为例，说明了万物在生死、寒暑、昼夜中的循环往复。这种变化体现了天道的动态性，万物运行至极点时，必然发生变化，而变化意味着畅通无阻，通达才能持久。渔夫引用《易经·象传》的例子，说明古代圣王如何顺应天道，在日落闭城、停止商旅行动，这是对天道的敬畏与顺从。这种观念让我们认识到，顺应自然规律是维持万物和谐和社会安定的关键。

樵夫随后问及"无妄"的含义，渔夫将其分为"人为祸患"和"天降灾难"两种情况。"妄"指的是不合天道、欺骗他人的妄为行为，必然招致灾祸，这是自作自受。而顺应天道行事却遭遇灾难，则属于天命。例如，农夫不勤于耕种却希望丰收，这是妄为；而勤奋耕作却因天灾歉收，则是不可抗拒的天命。渔夫再次引用《易经·象传》中的内容，强调先王顺应时节培育万物的重要性，提醒人们不可妄为。这段话告诉我们，人类必须尊重自然规律，脚踏实地，任何试图违背天道的行为都可能招致灾祸。

关于"姤"的解释，渔夫从阴阳的关系入手，揭示了"柔遇刚"的哲理。他指出，"姤"是阴阳初遇的状态，与"夬"的"阳盛压阴"相对。此时万物开始交感，圣人顺应此理，以德行教化天下，推动万物繁荣。"姤"所反映的是一种初生的希望，也是一种潜藏的危机，提醒人们在阴阳初遇的关键时期，谨慎行事，顺势而为。这种阴阳交感的思想，不仅是对自然运行规律的总结，也蕴含着对人际关系和社会治理的深刻洞见。

最后，渔夫以四季变化为例，将天地的运行具体化。他将春、夏、秋、冬分别比喻为阳气初生、极盛，以及阴气初生、极盛的四个阶段，生动地描绘了天地之气如何影响万物的生长、成熟、凋零。这种变化既是自然界的规律，也是生命过程的缩影。渔夫的话提醒我们，四季的交替不仅仅是自然现象，更是天道在时间上的体现。人类生活若能与四季的节律相协调，就能更好地顺应天道，实现自身的安宁与发展。

从整体来看，这段对话表达了对天道与人事关系的深刻认识。渔夫通过具体的自然现象和《易经》的哲理告诉樵夫，天道在变化中维持平衡，而人类的行为也必须遵循这种平衡原则。顺应天道，意味着尊重自然、脚踏实地，不妄为、不逆势；而对阴阳交感的敏锐观察和适时行动，则是智者应具备的素养。这种对天道的尊重与顺应不仅适用于个人修养，也为社会治理提供了重要的借鉴。

现代人从中可以获得许多启示：在追求目标的过程中，既要因时而动，又要量力而行；在面临危机时，应避免盲目行事，学习天道的变化之道，找到化解的办法。万物的运行有其规律，人类若能将天道的智慧融入生活，不仅能减少许多不必要的痛苦，还能获得更长远的幸福与安定。

人之灵，圣通天地

【原文】

樵者问渔者曰："人之所以能灵于万物^①者，何以知其然耶？"

渔者对曰："人之所以能灵于万物者，谓其目能收万物之色，耳能收万物之声，鼻能收万物之气，口能收万物之味。声色气味^②者，万物之体^③也。目耳口鼻者，万人之用^④也。体无定用，惟变是用。用无定体，惟化是体。体用交^⑤而人物之道于是乎备矣。然则人亦物也，圣人亦人也。

"有一物之物，有十物之物，有百物之物，有千物之物，有万物之物，有亿物之物，有兆物之物。生一一之物，当兆物之物者，岂非人乎？有一人之人，有十人之人，有百人之人，有千人之人，有万人之人，有亿人之人，有兆人之人。生一一之人，当兆人之人者，岂非圣乎；是知人也者，物之至者也。圣也者，人之至者也。物之至者始得谓之物之物也。人之至者，始得谓之人之人也。夫物之物者，至物⑥之谓也；而人之人者，至人⑦之谓也。以一至物而当一至人，则非圣人而何？人谓之不圣，则吾不信也。

"何哉？谓其能以一心观万心⑧，一身观万身⑨，一物观万物，一世观万世者焉；又谓其能以心代天意⑩，口代天言，手代天工⑪，身代天事者焉。又谓其能以上识天时，下尽地理，中尽物情，通照人事者焉。又谓其能以弥纶天地⑫，出入造化⑬，进退今古⑭，表里人物者焉。

"噫！圣人者，非世世而效圣焉。吾不得而目见之也。虽然吾不得而目见之，察其心，观其迹，探其体，潜其用，虽亿万千年亦可以理知之也。人或告我曰：'天地之外，别有天地万物，异乎此天地万物。'则吾不得而知之也。非唯吾不得而知之也，圣人亦不得而知之也。凡言知者，谓其心得而知之也。言言者，谓其口得而言之也。既心尚不得而知之，口又恶得而言之乎？以不可得知而知之，是谓妄知也。以不可得言而言之，是谓妄言也。吾又安能从妄人而行妄知、妄言⑮者乎！"

【注释】

①灵于万物：在人类能超越其他万物的智慧与感知能力。

②声色气味：指事物的声音、色彩、气息、味道，象征外界事物的基本属性。

③体：事物本体、本质。

④用：功能、作用。

⑤体用交：本质与作用互相交织。

⑥至物：最完美、最极致的物。

⑦至人：最完美、最极致的人，即圣人。

⑧观万心：洞察众人之心。

⑨观万身：了解众人之形与行动。

⑩代天意：以圣人之心领悟与传达天道。

⑪代天工：代替自然之工，完成天地创造之事。

⑫弥纶天地：包罗天地万物。

⑬出入造化：通达宇宙万物的生灭变化。

⑭进退今古：贯通古往今来的道理。

⑮妄知、妄言：虚妄的认知与言论。

【译文】

樵夫问渔夫："人是万物中最具有灵性的，你知道这是为什么吗？"

渔夫回答说："人之所以是万物中最具有灵性的，是因为人的眼睛能够捕捉万物的色彩，耳朵能够听取万物的声音，鼻子能够嗅到万物的气息，嘴巴能够品尝万物的味道。声音、色彩、气味、味道,是万物的本质。眼睛、耳朵、嘴巴、鼻子,人人皆用。物体没有固定的作用,通过变化来表现作用;作用也没有固定的本质,只有变化才是本质。本质和作用相互交织,人和万物的道理就完备了。那么,人也是万物,圣人也是人。

"一种物有的仅有一物之能,有的具备十物之能,有的具备百物之能,甚至千物、万物、亿物之能,乃至兆物之能。生出一个物体,能够相当兆物之能,这岂不正是指人吗?而在人中,也有相当一人之人,相当十人之人,相当百人之人,相当千人之人,甚至相当亿人、兆人的人。能够相当亿人、兆人的人,岂不正是圣人吗?因此,人是万物之灵,圣人则是人之极致者。万物之中的极致之物,方可称为物中之物;人类之中最为极致的,才能称为人上之人。万物之至,即真正的物;人的极致,即真正的人。以一种达到极致的事物,来对应一位达到极致的人,这不是圣人又是什么呢?如果有人说这不是圣人,我是不会相信的。

"这是为什么呢？因为圣人能够用一颗心去洞察万心，以只身体察万物，从一个物体感悟整个世界，用一生去参悟万代的道理。他们能够用心体悟天意，用口代替天道言语，用双手实现天工的创造，用身体成就天事。他们上知天文，下知地理，中知万物本性，通彻人事的变迁。他们还能包容天地，出入于自然的生灭，贯穿古今，内外通透，万物皆显现于自己的理解之下。

"唉！圣人啊，不是世世代代都能有的。我未曾亲眼见过圣人。然而，即使无法亲眼所见，只要洞察他们的心志，观察他们的足迹，探究他们的本质，理解他们的应用，即便相隔千百年，也能推测出他们的智慧和道理。如果有人对我说'天地之外，还有另一方天地，那里有完全不同的万物，与我们所知的天地全然不同'，那么我无法证实，也无法否认。不仅我无法知晓，即使圣人也无法知晓。凡是能够称为'知'的，都是内心真正理解了的知识；凡是能够称为'言'的，都是通过口头传达的思想。如果内心尚且无法理解，又怎么能够用言语表达呢？无法理解的道理硬说自己理解了，这是妄知；无法描述的事物硬要描述出来，这是妄言。我又怎么能跟随这些妄人，去做妄知、妄言的事呢？"

【解读】

这段对话以樵夫的提问为引子，渔夫通过对感知、认知、人与万物、人与圣人的关系的深刻剖析，揭示了人类在天地万物中的特殊地位以及圣人作为人类智慧极致的卓越本质。渔夫的回答既是对人类灵慧之源的阐释，也是对知识、智慧与认知边界的反思。

首先，渔夫从人类的感官功能谈起，说明了眼、耳、鼻、口这些感知工具，使人类能够感知万物的色彩、声音、气味和滋味。万物通过形态和作用展现自身，而人类通过感官与之交互。形态与作用相互转化、彼此依存，构成了人与物之间的运行之道。这一阐释让我们认识到，人类作为万物中的一部分，并不独立于自然，而是通过感知和互动，与天地万物形成了一种和谐的关联。

接着，渔夫进一步将人类灵慧的层次分为多个层级。他指出，不同的人在能力上有所差异，从"一人之人"到"兆人之人"，这些称谓代表了个体对世界认知和影响的广度与深度。而圣人作为"人之人"，是人类智慧的最高体现。他们不仅能理解兆人的道理，还能洞察万物的本质。这种超越常人的理解力和包容力，使圣人成为万物和人类的桥梁，既能领悟天道，也能化解人间的纷争。渔夫的话提醒我们，人类的灵慧不仅在于感知万物，更在于以理性和智慧将这些感知升华为对生命和宇宙的深刻洞察。

当樵夫提问圣人的本质时，渔夫首先通过描述圣人以"一心观万心""一世观万世"的特质，展现了圣人作为天地万物理解者的全能视角。圣人具备洞察天时、领悟地理、通达万物的本性，同时理解人事的变迁。圣人以一颗心体察万物，以一具身体实现天道的创造，这是圣人独特的责任与使命。通过这些描述，渔夫强调了圣人不仅是智慧的象征，更是天命的执行者和人类的导师。

其次，渔夫也指出圣人并非每代皆有，甚至可能永远无法亲见。但即使如此，通过探察他们的思想、行为和遗留的道理，人们仍然能够理解圣人的智慧与德行。渔夫以此说明，理解的本质不在于亲眼所见，而在于通过理性和道理去追溯与感悟。圣人的思想超越了时间和空间，成为永恒的指引，这也是他们的智慧能够跨越千百年、为后人所敬仰的原因。

最后，渔夫对"妄知妄言"进行了批判。他指出，真正的"知"必须来源于内心的真实理解，而真正的"言"必须建立在清晰的表达基础上。如果一个人未曾真正理解事物的本质，却妄称自己知道，或者试图用语言描述自己无法把握的事物，那么便是"妄知妄言"。这种行为不仅是对知识的亵渎，更可能误导他人。渔夫的反思提醒我们，认知不仅需要谦逊，更需要诚实。承认认知的局限，是走向真正智慧的第一步。

这段对话的意义在于，渔夫通过人与万物、人与圣人的关系，揭示了人类如何在感知与理性中寻找自身的位置，以及如何以谦逊和智慧追求对宇宙本质的理解。

权与变，圣人之道

【原文】

渔者谓樵者曰："仲尼^①有言曰：'殷因于夏礼^②，所损益^③可知也；周因于殷礼，所损益可知也。其或继周^④者，虽百世可知也。'夫如是，则何止于百世而已哉！亿千万世，皆可得而知之也。人皆知仲尼之为仲尼，不知仲尼之所以为仲尼，不欲知仲尼之所以为仲尼则已，如其必欲知仲尼之所以为仲尼，则舍天地将奚之焉？

"人皆知天地之为天地，不知天地之所以为天地。不欲知天地之所以为天地则已，如其必欲知天地之所以为天地，则舍动静将奚之焉？夫一动一静者，天地至妙者欤？夫一动一静之间者，天地人至妙者欤？是知仲尼之所以能尽三才^⑤之道者，谓其行无辙迹^⑥也。故有言曰：'予欲无言^⑦'，又曰：'天何言哉？四时行焉，百物生焉。'其此之谓与？"

渔者谓樵者曰："大哉！权^⑧之与变乎？非圣人无以尽之。变^⑨然后知天地之消长^⑩，权然后知天下之轻重^⑪。消长，时也；轻重，事也。时有否泰^⑫，事有损益。圣人不知随时否泰之道，奚由知变之所为乎？圣人不知随时损益^⑬之道，奚由知权之所为乎？运消长者，变也；处轻重者，权也。是知权之与变，圣人之一道耳。"

【注释】

①仲尼：孔子，名丘，字仲尼。

②殷因于夏礼：商朝沿袭了夏朝的礼制。

③损益：增减、改动之处。

④继周：继承周朝的礼制。

⑤三才：天地人三者。

⑥辙迹：车辙与足迹，比喻明显的痕迹或刻意的行为。

⑦予欲无言：出自《论语》，意为"我希望无须言传"。

⑧权：衡量轻重，指权衡事理的能力。

⑨变：变化，指顺应时势的调整。

⑩消长：事物的兴衰变化。

⑪轻重：事物的重要程度。

⑫否泰：否极泰来，指运势的起伏。

⑬随时损益：根据时机的变化进行增减或调整。

【译文】

渔夫对樵夫说道："孔子曾经说过：'殷商继承了夏朝的礼制，所增减的内容是可以知晓的；周朝继承了殷商的礼制，所增减的内容也是可以知晓的。那么，如果有继承周朝礼制的朝代，即使经过百代，其增减也是可以被知晓的。'如此说来，何止百代而已呢？亿千万代，都是可以知晓的。人人都知道孔子是孔子，却不知道孔子之所以成为孔子的原因。如果不想知道孔子之所以成为孔子的原因也就罢了，但若一定要知道，那么除了天地，还能到哪里去寻找答案呢？

"同样，人人都知道天地是天地，却不知道天地之所以成为天地的原因。如果不想知道天地之所以成为天地的原因也就罢了，但若一定要知道，那么除了观察天地的动静，还能到哪里去寻找答案呢？一动一静，不是天地间的至妙之理又是什么呢？天、地、人之间的一动一静，不是天地人之间的至妙之理又是什么呢？因此，孔子之所以能够穷尽三才之道，是因为他的行为没有留下踪迹。所以孔子说：'我什么都没说。'又说：'天什么时候说过话呢？但四时照常运行，万物按时生长。'大概就是这个意思吧。"

渔夫继续说道："'权'与'变'的重要性，多么伟大啊！若非圣人，无法完全理解。只有通过变化，才能知道天地的盛衰消长；只有通过权衡，才能知道天下的轻重缓急。盛衰消长是时间的体现，轻重缓急是事务的体现。时运有顺有逆，事务有损有益。圣人如果不知道顺应时运的顺逆之道，怎么能知道变化的作用呢？圣人如果不知道顺应事务的损益之道，怎么能知道权衡的作用呢？运用盛衰消长规律的是变化，处理轻重缓急事务的是权衡。因此，权衡和变化，都是圣人所遵循的处世之道。"

【解读】

这段对话通过渔夫对樵夫的讲解，深刻探讨了孔子的圣人之道，以及圣人如何在"动"与"静"、"权"与"变"之间体悟天地与人间的至理。渔夫以孔子的话为切入点，从历史的延续到天地的运转，从自然的规律到圣人的智慧，层层展开，为我们展现了一幅圣人之道的全景画。

首先，渔夫引用孔子关于殷、周继承礼制的论述，强调历史的延续性和规律性。孔子认为，即使百世之后，后代的礼制变化也可推测。这说明圣人能够通过理性的观察，洞察事物发展的脉络和规律。这种洞察力不仅仅局限于历史制度的沿袭，更体现了孔子对天地与人间整体运行规律的深刻理解。渔夫进一步指出，人们敬仰孔子为圣人，却常常忽视探究他成为圣人的原因。圣人之所以为圣人，不仅在于他们的智慧与德行，更在于他们深谙天地运行的道理。这一观点启示我们，要想理解伟人的思想和行为，必须回归到宇宙与自然的根本法则。

其次，渔夫将天地的运转与圣人的智慧联系起来，提出"动"与"静"是天地运行的至妙之处。这种交替不仅是自然现象的规律，也是人类行为与思维的原则。渔夫引用孔子的话："天何曾说过什么呢？四季照常运行，万物自然生长。"强调天道无为而治、自然成就的特质。这种无言的智慧，正是圣人对天地之道的模仿与追随。孔子"无言"的思想不仅是一种谦逊,也是一种智慧的体现,即通过观察和顺应自然规律,找到与天地合一的生命状态。这种观点提醒我们,行动和决策不应违背自然的本质,而应在动静之间找到平衡,遵循事物的本来规律。

渔夫进一步阐释了"权"与"变"的重要性,指出这二者是圣人智慧的核心。"变"是对万物消长规律的体察,揭示了时间与事物的动态特性;"权"是对轻重缓急的权衡,体现了在复杂情况下的决策能力。圣人之所以伟大,不仅因为他们能够看到事物的变化,还因为他们懂得在变化中把握轻重、调整行动。他们既能顺应时间的盛衰变化,又能灵活调整事物的增损,以达到最佳的结果。这种"变"与"权"的结合,展示了圣人如何通过对天地万物的理解,指导人间事务的治理。

"变"与"权"不仅是圣人治世的智慧,也是每个人应对生活的哲理。"变"让我们认识到世事无常,提醒我们在面对变化时保持灵活与适应;"权"让我们学会审时度势，懂得权衡利弊，找到行动的最佳时机。无论是个人的生活抉择还是社会的治理方略，只有掌握了"变"与"权"的智慧，才能在变化中把握不变，在复杂中找到清晰的方向。

通过这段对话，渔夫将天道、人事与圣人的智慧融为一体，为我们描绘了一种贯通天地与人间的哲学体系。这种体系提醒我们，伟大的智慧往往在于尊重自然、顺应变化、权衡利弊，并在动静之间找到属于自己的生命节奏。这种智慧，不仅让圣人成为圣人，也能为我们每个人提供超越自我的可能性。

生死依，阴阳互现

【原文】

樵者问渔者曰："人谓死而有知，有诸①？"

曰："有之。"

曰："何以知其然？"

曰："以人知之。"

曰："何者谓之人？"

曰："目耳鼻口、心胆脾肾②之气全，谓之人。心之灵曰神③，胆之灵曰魄④，脾之灵曰魂⑤，肾之灵曰精⑥。心之神发乎目，则谓之视；肾之精发乎耳，则谓之听；脾之魂发乎鼻，则谓之臭；胆之魄发乎口，则谓之言。八者具备，然后谓之人。夫人也者，天地万物之秀气⑦也。然而亦有不中者，各求其类也。若全得人类，则谓之曰全人之人[8]。夫全类者，天地万物之中气也，谓之曰全德之人[9]也。全德之人者，人之人[10]者也。夫人之人者，仁人之谓也。唯全人，然后能当之。

"人之生也，谓其气行[11]，人之死也，谓其形返[12]。气行则神魂交[13]，形返则精魄存[14]。神魂行于天，精魄返于地。行于天，则谓之曰阳行[15]；返于地，则谓之曰阴返[16]。阳行则昼见而夜伏者也，阴返则夜见而昼伏者也。是故，知日者月之形[17]也，月者日之影也；阳者阴之形[18]也，阴者阳之影也；人者鬼之形[19]也，鬼者人之影也。人谓鬼无形而无知者，吾不信也。"

【注释】

①有诸：有这回事吗？"诸"为"之乎"的合音。

②目耳鼻口、心胆脾肾：指人体八种器官，分别与生命功能相关联。

③神：心灵之灵性，主视觉。

④魄：胆之灵性，主语言。

⑤魂：脾之灵性，主嗅觉。

⑥精：肾之灵性，主听觉。

⑦天地万物之秀气：人被认为是天地间最精华的气。

⑧全人之人：身心灵全备之人。

⑨全德之人：德行圆满之人。

⑩人之人：具备仁德之人。

⑪气行：生命活动存在，指活着。

⑫形返：形体归于自然，指死亡。

⑬神魂交：神魂运行交融，象征生命活力。

⑭精魄存：精气与魄归于肉体，象征死亡后的静止
状态。

⑮阳行：阳气运行，象征白昼活动。

⑯阴返：阴气回归，象征夜间静止或死亡。

⑰日者月之形：太阳为月亮之本体。

⑱阳者阴之形：阳是阴的本体。

⑲人者鬼之形：人是鬼的本体。

【译文】

樵夫问渔夫："人死后真的还有知觉吗，有这回事吗？"

渔夫回答："有的。"

樵夫继续追问："你怎么知道的呢？"

渔夫答道："通过人便可以知道。"

樵夫又问："什么被称为'人'呢？"

渔夫解释说："当眼、耳、鼻、口、心、胆、脾、肾之气完整俱全时，就称得上是一个完整的人。心之灵气称为'神'，胆之灵气称为'魄'，脾之灵气称为'魂'，肾之灵气称为'精'。心神作用于眼睛，便形成了视觉；肾精作用于耳朵，便形成了听觉；脾魂作用于鼻子，便形成了嗅觉；胆魄作用于口，便形成了语言。这八种能力齐备，才称得上是完整的人。人，是天地万物的灵秀之气汇聚而成的。然而，也有不完全具备这些特质的人，他们按照各自的特质寻求归类。如果能具备完整的人类特质，就称为'全人之人'。在'全人之人'中，得天地万物之间完整气韵之人，可称为'全德之人'。而'全德之人'，是真正意义上的'人中之人'。能称为'人中之人'的，便是具有仁德之人。只有具备完整人类特质的'全人之人'，才能担当起这样的称号。

"人生，意味着气在体内流转；人死，意味着形体归返大地。气流动时，神魂交融；形体消亡时，精魄留存。神魂升于天界，精魄归于地下。升于天者称为'阳行'；归于地者称为'阴返'。阳行者在白天显现，夜晚隐伏；阴返者在夜晚显现，白天隐伏。因此，太阳是月亮的形体，月亮则是太阳的影子。阳是阴的形体，阴是阳的影子。活着的人是鬼的形体，鬼则是人的影子。有人说鬼没有形体，没有知觉，我可不相信啊。"

【解读】

这段对话围绕着"人死后是否还有知觉"展开,渔夫从人的身体构造与灵性入手,逐步引申到人之生死的关系及天地间阴阳交替的奥妙,深刻揭示了生命的本质以及生死循环的哲理。他的回答不仅解答了樵夫的疑问,也为人们提供了看待生死的独特视角。

首先,渔夫以人体的构造为切入点,提出"完整的人"的概念。他将人的眼、耳、鼻、口、心等身体器官与心神、肾精、脾魂、胆魄等灵性关联起来,强调这些灵性之气作用于身体器官,赋予人类感知世界的能力。这种理论表明,人类不仅是物质的存在,更是天地灵气的汇聚。人的完整性既体现在身体的协调,也体现在灵性的充盈。只有具备完整灵性和身体的"全人",才能达到"全德之人"的境界,而"全德之人"则是人类的最高追求。这种解释不仅深化了对"人是什么"的理解,也将人类置于天地万物的整体框架中,展现了人与自然的密切联系。

当樵夫追问生死之际，渔夫进一步阐释了生死的本质。他认为，"人生"是气的流转，"人死"是形体的归返。生时，神魂交融于人体；死后，神魂升于天界，精魄归于地下。这种分离并非消亡，而是另一种形式的存在。通过将"阳行"和"阴返"与天地的日月运行相联系，渔夫揭示了阴阳之间的相互依存和转化。太阳与月亮，白天与夜晚，阳与阴，生与死，既相对立，又相统一。这种哲学思想表明，生命的终结并非彻底的消失，而是进入另一种自然循环中，成为天地的一部分。

　　渔夫进一步用"影子"的比喻，阐明人鬼关系及阴阳转化的深意。他将活着的人比作"鬼的形体"，将鬼视为"人的影子"，强调二者的相互依存。这种比喻打破了生与死的绝对界限，指出生死之间并非不可逾越的鸿沟，而是同一生命流转的不同状态。这一观点颠覆了传统意义上对死亡的恐惧，将其还原为自然规律的一部分。同时，渔夫反驳了"鬼无形无知"的观点，认为鬼虽隐于无形，但其存在不可否认。这种看法蕴含着对灵性与生命本质的尊重，提醒人们敬畏自然与未知。

从这段对话中，人们可以获得多方面的启示。首先，渔夫的解释将生命与天地融为一体，强调人生的完整性来自身体与灵性的协调。现代社会中，人们常常忽略精神与灵性的重要性，而渔夫的观点提醒我们，在关注身体健康的同时，也要注重精神的充实与德行的培养。只有在身心合一的基础上，才能成为真正的"全人"。

其次，渔夫对生死的哲学思考告诉我们，死亡并非生命的终点，而是自然循环的一部分。生死之间的转化让生命具有了连续性，这种思想能够帮助我们以平和的心态面对生死，减少对未知的恐惧。同时，渔夫强调生者与逝者之间的联系，这种联系不仅是感情的延续，也是天地自然之道的体现。

最后，渔夫对"鬼"的看法不仅是对传统观念的反思，更体现了对未知世界的开放态度。他提醒我们，在面对未知事物时，不应简单否认，而应以敬畏和探索的态度去理解其可能性。这种态度对于科学发展、文化传承以及个人认知的提升，具有重要的借鉴意义。

　　总体而言，这段对话通过对"人"的构造、生死循环以及天地运行的深刻分析，构建了一幅宏大的生命图景，展现了自然之道与人类生命的内在联系。它告诉我们，生与死只是生命的不同阶段，而完整的生命意义在于与天地和谐共处，在生死交替中延续对自然的感悟与敬畏。

才用辨，消长同理

【原文】

樵者问渔者曰："小人^①可绝乎？"

曰："不可。君子^②禀^③阳正气^④而生，小人禀阴邪气^⑤而生。无阴则阳不成，无小人则君子亦不成，唯以盛衰^⑥乎其间也。阳六分则阴四分，阴六分则阳四分，阳阴相半则各五分矣。由是知君子小人之时有盛衰也。治世则君子六分。君子六分，则小人四分，小人固不能胜君子矣。乱世则反是。君君，臣臣，父父，子子^⑦，兄兄，弟弟，夫夫，妇妇，谓各安其分也。君不君，臣不臣^⑧，父不父，子不子，兄不兄，弟不弟，夫不夫，妇不妇，谓各失其分也。此则由世治世乱使之然也。君子常行胜言，小人常言胜行。故世治则笃实⑨之士多，世乱则缘饰⑩之士众。笃实鲜不成事，缘饰鲜不败事。成多国兴，败多国亡。家亦由是而兴亡也。夫兴家与兴国之人，与亡国亡家之人，相去一何远哉！"

樵者问渔者曰："人所谓才⑪者，有利焉，有害焉者，何也？"

渔者曰："才一也，利害二也⑫。有才之正⑬者，有才之不正⑭者。才之正者，利乎人而及乎身者也；才之不正者，利乎身而害乎人者也。"

曰："不正，则安得谓之才？"

曰："人所不能而能之，安得不谓之才？圣人所以惜乎才之难者，谓其能成天下之事而归之正者寡也。若不能归之以正，才则才矣，难乎语其仁也。

"譬犹药疗疾也，毒药亦有时而用⑮也，可一而不可再也，疾愈则速已，不已则杀人矣。平药⑯则常日而用之可也，重疾非所以能治也。能驱重疾而无害人之毒者，古今人所谓良药也。《易》曰：'大君有命，开国承家，小人勿用^⑰。'如是，则小人亦有时而用之。时平治定，用之则否。《诗》云：'它山之石，可以攻玉^⑱。'其小人之才乎！"

【注释】

　　① 小人：品德低下或心术不正之人。

　　② 君子：品德高尚、行事正直之人。

　　③ 禀：秉承、承受。

　　④ 阳正气：纯正的阳气，象征正直与光明。

　　⑤ 阴邪气：阴暗偏邪之气，象征邪恶与不正。

　　⑥ 盛衰：兴盛与衰落。

　　⑦ 君君，臣臣，父父，子子：指各守本分，出自《论语》。

　　⑧ 君不君，臣不臣：指上下失序，伦理混乱。

　　⑨ 笃实：忠厚诚实之士。

　　⑩ 缘饰：夸饰虚浮之人。

　　⑪ 才：才能。

⑫ 才一也，利害二也：才能本质相同，但带来的结果可利可害。

⑬ 才之正：用才正当。

⑭ 才之不正：用才不正。

⑮ 毒药亦有时而用：毒药虽危险，特定情况下可用以治病。

⑯ 平药：温和的药物。

⑰ 大君有命，开国承家，小人勿用：意指小人不宜在治世时任用。

⑱ 它山之石，可以攻玉：出自《诗经》，意为外来的不完美之物有助于改正自身缺点，借指小人之才可用以纠正错误。

【译文】

樵夫问渔夫："小人能够被彻底消灭吗？"

渔夫回答："不能。君子是秉承阳正之气而生，小人是秉承阴邪之气而生。没有阴，阳就无法独立存在，没有小人，君子也就无法产生，这二者是由不同时间的盛衰变化而造就的。阳气占六分，阴气就占四分；阴气占六分，阳气就占四分。阳气和阴气各占一半时，就各是五分。由此可知，君子和小人的势力有盛衰之分。世道安稳时，君子占六分，小人占四分，小人自然不能胜过君子。乱世则相反。

"所谓君君、臣臣、父父、子子、兄兄、弟弟、夫夫、妇妇，这是各安其分的表现。而君不像君，臣不像臣，父不像父，子不像子，兄不像兄，弟不像弟，夫不像夫，妇不像妇，这是各失其分的表现。这都是由世道的安稳或混乱所决定的。君子通常行动胜过言语，小人通常言语胜过行动。所以世道安稳时，笃实的人多；乱世时，虚伪的人多。笃实的人很少不能成事，虚伪的人很少不败事。成事多则国家兴盛，败事多则国家灭亡。家庭的兴亡也是如此。兴家和兴国的人，与亡国亡家的人，相差是多么远啊！"

樵夫又问渔夫："人们常说的'才能'，有的能带来好处，有的却会带来害处，这是什么原因呢？"

　　渔夫回答："才只有一种，却能造成利害两种结果。有正当使用才能的人，也有不正当使用才能的人。正当发挥才能的人，既能造福于他人，又有益于自身；不正当发挥才能的人，虽能为自己谋利，却会损害他人。"

　　樵夫又问："既然是不正，怎么还能称为才呢？"

　　渔夫解释道："人能做常人所不能之事，又怎能不称为才呢？圣人之所以怜惜成才困难，就是因为能用才能成就天下大事且引导才能归于正道的人极少。如果不能引导才能归于正道，那么这个人虽有才，却难以称为仁者。

　　"这就好比用药治病。有的毒药也能治病，但仅能用一次，不可多次使用。病愈就必须停用，否则反而会害人。普通药物虽然可以日常服用，但对重病却无效。而真正的良药，是既能治重疾，又不会伤害人的药物。《易经》里说：'大君发布命令，开国承家，但不可任用小人。'这说明小人之才在某些时候也是可以任用的，但只能在时局混乱、需要运用特殊手段的情况下使用，太平盛世时则不宜任用。《诗经》也说'它山之石，可以攻玉'，这大概就是指小人的才能吧！"

【解读】

这段对话围绕"小人是否能够彻底消灭"和"才能的利害关系"展开，渔夫通过阴阳的哲理与才德的分类，深刻阐释了君子与小人的共生关系，以及才能在善用与误用之间的微妙差别。他的回答不仅是对樵夫问题的解答，也是对社会秩序、个人德行与才能价值的全面反思。

渔夫首先解释了小人无法彻底消灭的原因。他将君子与小人分别比作秉承阳气与阴气而生的存在，指出阴阳相生相克，缺一不可。正如没有阴，阳便无法独立，没有小人，君子也无法完全彰显自身的德行。这种哲学观念揭示了世界上对立事物之间的相互依存性，同时说明小人和君子在不同的世道中占据不同的比例。太平盛世中，君子占据主导地位，小人难以猖獗；而乱世之时，小人则易趁势而起。这种消长的规律不仅适用于人性与社会，也折射出阴阳平衡的天道运行。

在阐述世道与人伦的关系时，渔夫引用"君君、臣臣、父父、子子"的经典论述，强调各尽本分是维持社会秩序的根本。太平盛世里，人们多重行动、少空谈，笃实笃厚之士成事有余；而乱世则倾向于趋炎附势、华而不实，小人言过其实却难成大事。这种对君子与小人行为模式的对比，揭示了社会兴衰的关键所在：多成事之人，国家兴盛；多败事之人，国家衰亡。这种规律不仅适用于治国，也同样适用于治家。渔夫以简单而深刻的语言提醒我们，个人的行为与品德如何，直接影响着家庭与国家的兴衰。

樵夫的第二个问题转向了才能的利害关系，渔夫对此展开了更加具体的分析。他指出，才本身是中性的，既能造福社会，也可能带来危害。正当使用的才，既利己又利他；不正当使用的才，则只顾个人利益，甚至以损害他人和社会的利益为代价。这一观点揭示了"才"与"德"之间的内在联系：才是能力的体现，而德是才的引导者。若无德行的约束，才可能变成祸患。

当樵夫质疑"为何不正之才也被称为才"时，渔夫用药物作比喻，将才分为圣人之才、普通之才与小人之才。正如毒药在某些情况下能起到救命作用，小人之才在混乱时期可能成为特殊手段的一部分，但在太平盛世却不可滥用。这种比喻强调了才的使用时机与尺度：合适的时机、正确的用途，才能使才成为福泽；盲目使用、不加约束，则可能使才变为祸患。渔夫引用《易经》和《诗经》，以"大君命令""它山之石，可以攻玉"为例，进一步说明即便是小人之才，也有其独特的作用，但须谨慎使用。

总体而言，这段对话通过对阴阳哲理、才德关系与社会秩序的深入探讨，揭示了君子与小人的共生、才与德的关联，以及治世与用才的智慧。渔夫以简洁的语言传递出深刻的道理，为个人修身、家庭兴旺、社会治理提供了宝贵的哲学指引。

善恶随，治乱由人

【原文】

樵者谓渔者曰："国家之兴亡，与夫才之邪正，则固得闻命矣。然则何不择其人而用之？"

渔者曰："择臣者，君也；择君者，臣也。贤愚各从其类①而为。奈何有尧、舜之君②，必有尧、舜之臣；有桀、纣之君③，而必有桀、纣之臣。尧、舜之臣生乎桀、纣之世，犹桀、纣之臣生于尧、舜之世，必非其所用也。虽欲为祸为福，其能行乎？夫上之所好，下必好之④。其若影响，岂待驱率而然耶？

"上好义，则下必好义，而不义者远矣；上好利，下必好利，而不利者远矣。好利者众，则天下日削⑤矣；好义者众，则天下日盛矣。日盛则昌⑥，日削则亡。盛之与削，昌之与亡，岂其远乎？在上之所好耳。夫治世何尝无小人，乱世何尝无君子，不用则善恶何由而行也。"

樵者曰："善人常寡，而不善人常众；治世常少，乱世常多。何以知其然耶？"

曰："观之于物，何物不然？譬诸五谷⑦，耘⑧之而不苗者有矣。蓬莠⑨不耘而犹生，耘之而求其尽也，亦未如之何矣！由是知君子小人之道，有自来矣。君子见善则喜之⑩，见不善则远之；小人见善则疾之⑪，见不善则喜之。

"善恶各从其类也。君子见善则就之，见不善则违之；小人见善则违之，见不善则就之。君子见义则迁，见利则止；小人见义则止，见利则迁。迁义⑫则利人，迁利⑬则害人。利人与害人，相去一何远耶？家与国一也，其兴也，君子常多而小人常鲜；其亡也，小人常多而君子常鲜。君子多而去之者，小人也；小人多而去之者，君子也。君子好生，小人好杀。好生则世治，好杀则世乱。君子好义，小人好利。治世则好义，乱世则好利。其理一也。"

钓者谈已，樵者曰："吾闻古有伏羲⑭，今日如睹其面焉。"拜而谢之，及旦而去。

【注释】

①贤愚各从其类：贤者与愚者各自归于相同类型的人。

②尧、舜之君：指贤明的君主，如尧、舜。

③桀、纣之君：指暴虐的君主，如夏桀、商纣王。

④上之所好，下必好之：意指君主的爱好会影响臣民的风气。

⑤削：衰败、削弱。

⑥昌：兴盛。

⑦五谷：指稻、黍、稷、麦、菽五种农作物。

⑧耘：除草培土。

⑨蓬莠：野草，泛指无用之物。

⑩ 君子见善则喜之：君子看到善行会喜爱。

⑪ 小人见善则疾之：小人见善行则嫉妒排斥。

⑫ 迁义：追随道义。

⑬ 迁利：追逐私利。

⑭ 伏羲：上古圣王，传说为八卦创始者，被尊为文明启蒙者。

【译文】

樵夫对渔夫说道："关于国家的兴亡，以及才能的正邪，我已经听你讲解得很清楚了。那么既然如此，为什么不直接选择合适的人来治理国家呢？"

渔夫回答："选臣的是君主，而选君主的则是臣民。贤者与愚者，各自都会追随同类而有所行动。因此，尧、舜这样的明君，必然会有尧、舜一样的贤臣；而桀、纣这样的昏君，也必然会有桀、纣一样的奸臣。若尧、舜的臣子出生在桀、纣的时代，桀、纣的臣子出生在尧、舜的时代，必定不会被君主所任用。即使他们想要制造灾祸或者赐福，又怎么能够实行呢？君主所喜好的，臣子必定也喜好。这就像影子随着形体、回声随着声音一样，难道还需要驱赶或者率领才会这样吗？

"君主崇尚道义，那么臣子必定也崇尚道义，不道义的人就会远离；君主崇尚利益，臣子必定也崇尚利益，而不追逐利益的人就会远离。追逐利益的人众多，那么国家的实力就会一天天削弱；崇尚道义的人众多，那么国家就会一天天兴盛。国家一天天兴盛就会繁荣昌盛，一天天削弱就会走向灭亡。兴盛与削弱，昌盛与灭亡，难道相差很远吗？关键在于君主所喜好的东西。在太平盛世并非没有小人，在乱世时期并非没有君子，如果没人任用君子和小人，善恶又怎么能体现呢？"

樵夫接着问："为什么善人总是很少，而不善之人总是很多呢？为什么治世常少，而乱世常多呢？怎么才能知道当中的原因呢？"

渔夫解释道："看看自然界的现象，什么东西不是如此呢？就像五谷，即使精心除草，也未必每粒种子都能发芽。但像蓬蒿、杂草，即使不加管理也能生长，想要完全铲除，也实在无能为力。因此可知，君子与小人的存在，是自然之理。君子见到善行会心生喜悦，见到恶行则避而远之；小人则相反，见到善行会心生憎恶，见到恶行反而心中高兴。

"善恶各自吸引着同类。君子见善就会靠近，见不善则退让；小人则见善会退缩，见不善就趋附。君子追求正义能造福他人，而小人追逐利益会损害他人。造福他人与损害他人，两者差别多么大啊！无论是家族还是国家，治理的道理都是一样的。家国兴盛之时，君子常多而小人少；家国衰败之时，小人多而君子少。能让君子离去的，是小人；能让小人离去的，则是君子。君子珍视生命，小人喜好杀戮。珍视生命，社会就会安定太平；喜好杀戮，社会就会动荡混乱。君子崇尚道义，小人贪图利益。在太平盛世，人们崇尚道义；在动荡乱世，人们贪图利益。其中的道理是一样的。"

渔夫谈完之后，樵夫感慨地说："我听闻古代有伏羲这样的圣贤，今日听您所言，仿佛亲眼见到了他一样。"于是樵夫便恭敬地拜谢渔夫，等到天亮便离开了。

【解读】

这段对话从治理国家的核心问题出发，渔夫透过对君主与臣民关系的分析，深刻揭示了国家兴亡、善恶兴替的根本原因，以及君子与小人之间的动态平衡。他以自然现象为喻，将复杂的社会问题简单化，提供了深刻的哲理思考。

渔夫首先回答了为何不能简单地选贤任能的问题。他指出，国家的兴亡与善恶的兴替，取决于君主与臣民之间的相互选择。贤者聚贤，愚者聚愚，这是因为人性倾向于接纳与自己相似的同类。尧、舜时代的贤君能吸引贤臣，而桀、纣这样的昏君则会被奸臣围绕。即使贤臣或奸臣生错了时代，也无法施展才华或实现抱负。

渔夫以此说明，治理国家不仅依赖个人能力，更与整体的社会风气和时代特性密切相关。

接着，渔夫指出，君主的好恶决定了社会风气的导向。他用"影随形"来比喻君主与臣民的关系，强调在位者的价值取向会直接影响整个国家的道德风貌。如果统治者崇尚道义，社会便会趋向正义；如果统治者崇尚利益，社会便会充满争夺与混乱。这种选择的结果最终决定了国家的盛衰，而盛衰之间的距离并不遥远，全凭君主的一念之间。渔夫的这一观点强调了"以德治国"的重要性，提醒统治者，社会的长久繁荣源于道义的弘扬，而非利益的短视追逐。

当樵夫追问为何善人常少而不善之人常多时，渔夫通过自然界的现象给出了形象的解释。他用五谷与杂草的生长对比，说明善恶如同自然中的良种与蓬蒿，良种需要精心培育，杂草却能自生自长，甚至难以铲除。这一比喻不仅道出善恶之间的数量差异，更反映了培育善行与德行的重要性。社会中，善需要培养，小人却在疏于管理时自然滋生，这是一种深刻的自然规律。

渔夫进一步分析了君子与小人的行为模式，指出二者的核心区别在于对义与利的态度。君子以义为先，推己及人，乐于助人而避害；小人以利为先，自私自利，损人以自益。二者的行为结果截然不同：君子的正义行为能促进社会和谐，而小人的逐利行为则容易破坏社会秩序。这种分析不仅揭示了善恶行为的内在逻辑，也为如何选择与管理人提供了指引。

在谈及国家和家庭的治理时，渔夫进一步指出，家国的兴衰取决于君子和小人的比例与作用。兴盛时期，君子占主导，国家安定；衰败时期，小人占上风，社会混乱。君子以道义治理，小人则以争夺扰乱。渔夫通过这一对比，提醒人们善恶之争从未停歇，社会的繁荣与安定依赖于对君子的支持与对小人的制约。这种观念适用于国家治理，也适用于家庭管理，提醒人们重视德行与义理的建设。

这段对话对现代社会有重要的启发。首先，它强调了领导者的道德取向对社会风气的深远影响。无论是在家庭还是国家，管理者的价值观都会成为行为的榜样，决定整体的方向。其次，渔夫的回答提醒我们，善的培育需要有意识地努力，而恶的滋生却往往因疏于管理而自发产生。这要求我们在社会建设中，不仅要惩治恶行，更要通过教育和制度培养正义和德行。最后，渔夫对"义"与"利"的对比揭示了现代社会许多问题的根源——过度追逐短期利益会破坏长久的稳定与繁荣，唯有重拾道义，才能真正实现社会的和谐与长治久安。

附录一 邵雍传

邵雍，字尧夫，号安乐先生、伊川翁，生于 1012 年 1 月 21 日，去世于 1077 年 7 月 27 日，是北宋时期著名的理学家、易学家和诗人。他与周敦颐、张载、程颢、程颐并称为"北宋五子"，在哲学和易学领域有着深远的影响。邵雍出生于相州林县（今河南省林州市），祖籍范阳（今河北省涿州市大邵村）。自幼便胸怀大志，勤奋好学，立志通过求学改变人生。他对自己要求极为严格，冬天不生炉火，夏天也不扇扇子，夜里经常挑灯夜读，数年如一日。他不仅醉心于书本知识，还相信实践与游历同样重要，为了增长见识，他曾跋涉黄河、汾河、淮河、汉江，考察西周分封国的齐、鲁、宋、郑遗址，这些经历让他逐渐领悟了"道在是矣"的哲学思想，认为天地之道便存在于万事万物之中。

三十岁时，邵雍遇到了共城县令李之才，这位官员听闻他的勤学精神，主动登门教授他《河图》《洛书》以及伏羲所传的八卦六十四卦图象等深奥的易学知识。在李之才的悉心教导下，邵雍更加刻苦，日夜苦思冥想，甚至连续多年夜不成眠。经过潜心钻研，他对天地运转、阴阳消长、世事变迁等自然与社会规律有了深刻理解，并逐渐形成了自己独特的哲学体系。

公元 1049 年，邵雍迁居洛阳。刚到洛阳时，生活条件非常艰苦，他居住在简陋的房屋中，以打柴为生，亲自烧火做饭照顾双亲。然而，他始终安于清贫，乐道忘忧，并未因物质的简朴而动摇内心的修行与学问追求。洛阳城内的名臣志士，如富弼、司马光、吕公著等人，对邵雍的才学十分钦佩，纷纷与他结交，更有人主动为他购置了房宅。1062 年，王拱辰、富弼和司马光等人共同出资，在洛阳天宫寺西天津桥南为他购置了一处园宅。邵雍将此地取名为"安乐窝"，并自号

"安乐先生"。他每日清晨焚香静坐，思考天地之道，下午则饮酒吟诗，有时也随心所欲地外出游玩，生活平静而充实。

尽管才学出众，邵雍始终对仕途不感兴趣。宋仁宗嘉祐年间，朝廷曾多次下诏征召贤士，西京留守王拱辰特别推荐了邵雍，希望任命他为将作监主簿，后来又有机会担任颍州团练推官。然而，邵雍坚决推辞，甚至称病以谢，始终保持着淡泊名利的态度，把全部精力都投入到学问研究和著述之中。

邵雍在学术上的成就极为卓越，著有《皇极经世》《渔樵问对》《伊川击壤集》等。其中，《皇极经世》运用易理与易数，探究宇宙的起源、自然演变与历史变迁，以"以天时验人事，以人事验天时"为核心思想，强调"天人合一"的哲学观念。而《渔樵问对》则以樵夫发问、渔翁解答的对话形式，探讨天地、自然、社会、历史与人事等广泛主题，涵盖了太极、动静、阴阳等哲学范畴，展现了深邃的思想洞见。

1077 年，邵雍因病重卧床，司马光、张载、程颢、程颐等好友每日轮流在旁守候，并一同商议丧葬事宜。当邵雍得知这些安排后，便召来儿子邵伯温，叮嘱他务必将自己与祖先合葬。不久后，邵雍病逝，享年六十七岁。宋神宗赵顼追赠他为秘书省著作郎，元祐年间，宋哲宗赵煦又追赐谥号"康节"。

邵雍为人豁达，淡泊名利，生活清贫却怡然自得。他待人诚恳真挚，不分贵贱，交谈时总是称赞他人长处，极少批评他人的不足，因此深受敬重与爱戴。他的学术思想虽然曾引发争议，但他在理学与易学方面的贡献无可否认，尤其是他独特的数理哲学体系，影响了后世理学的发展。

附录二 《宋史》中的邵雍

——《宋史》列传·卷第一百八十六

元·脱脱

【原文】

邵雍,字尧夫。其先范阳人,父古徙衡漳,又徙共城。雍年三十,游河南,葬其亲伊水上,遂为河南人。

雍少时,自雄其才,慷慨欲树功名。于书无所不读,始为学,即坚苦刻厉,寒不炉,暑不扇,夜不就席者数年。已而叹曰:"昔人尚友于古,而吾独未及四方。"于是逾河、汾,涉淮、汉,周流齐、鲁、宋、郑之墟,久之,幡然来归,曰:"道在是矣。"遂不复出。

北海李之才摄共城令,闻雍好学,尝造其庐,谓曰:"子亦闻物理、性命之学乎?"雍对曰:"幸受教。"

乃事之才，受《河图》、《洛书》、《宓义》八卦六十四卦图像。之才之传，远有端绪，而雍探赜索隐，妙悟神契，洞彻蕴奥，汪洋浩博，多其所自得者。及其学益老，德益邵，玩心高明，以观夫天地之运化，阴阳之消长，远而古今世变，微而走飞草木之性情，深造曲畅，庶几所谓不惑，而非依仿象类、亿则屡中者。遂衍宓羲先天之旨，著书十馀万言行于世，然世之知其道者鲜矣。

初至洛，蓬荜环堵，不芘风雨，躬樵爨以事父母，虽平居屡空，而怡然有所甚乐，人莫能窥也。及执亲丧，哀毁尽礼。富弼、司马光、吕公著诸贤退居洛中，雅敬雍，恒相从游，为市园宅。雍岁时耕稼，仅给衣食。名其居曰"安乐窝"，因自号安乐先生。旦则焚香燕坐，晡时酌酒三四瓯，微醺即止，常不及醉也，兴至辄哦诗自咏。春秋时出游城中，风雨常不出，出则乘小车，一人挽之，惟意所适。士大夫家识其车音，争相迎候，童孺厮隶皆欢相谓曰："吾家先生至也。"不复称其姓字。或留信宿乃去。好事者别作屋如雍所居，以候其至，名曰"行窝"。

司马光兄事雍，而二人纯德尤乡里所慕向，父子昆弟每相饬曰："毋为不善，恐司马端明、邵先生知。"士之道洛者，有不之公府，必之雍。雍德气粹然，望之知其贤，然不事表襮，不设防畛，群居燕笑终日，不为甚异。与人言，乐道其善而隐其恶。有就问学则答之，未尝强以语人。人无贵贱少长，一接以诚，故贤者悦其德，不贤者服其化。一时洛中人才特盛，而忠厚之风闻天下。

熙宁行新法，吏牵迫不可为，或投劾去。雍门生故友居州县者，皆贻书访雍，雍曰："此贤者所当尽力之时，新法固严，能宽一分，则民受一分赐矣。投劾何益耶？"

嘉祐诏求遗逸，留守王拱辰以雍应诏，授将作监主簿，复举逸士，补颍州团练推官，皆固辞乃受命，竟称疾不之官。熙宁十年，卒，年六十七，赠秘书省著作郎。元祐中赐谥康节。

雍高明英迈，迥出千古，而坦夷浑厚，不见圭角，是以清而不激，和而不流，人与交久，益尊信之。河南程颢初侍其父识雍，论议终日，退而叹曰："尧夫，内圣外王之学也。"

雍知虑绝人，遇事能前知。程颐尝曰："其心虚明，自能知之。"当时学者因雍超诣之识，务高雍所为，至谓雍有玩世之意；又因雍之前知，谓雍于凡物声气之所感触，辄以其动而推其变焉。于是撼世事之已然者，皆以雍言先之，雍盖未必然也。

雍疾病，司马光、张载、程颢、程颐晨夕候之，将终，共议丧葬事外庭，雍皆能闻众人所言，召子伯温谓曰："诸君欲葬我近城地，当从先茔尔。"既葬，颢为铭墓，称雍之道纯一不杂，就其所至，可谓安且成矣。

所著书曰《皇极经世》《观物内外篇》《渔樵问对》，诗曰《伊川击壤集》。

子伯温，别有传。

【译文】

邵雍，字尧夫，祖籍范阳。其父邵古曾迁居衡漳，后来又搬至共城。邵雍三十岁时游历河南，将双亲安葬在伊水之畔，从此成为河南人。

邵雍少年时对自己的才华十分自信，慷慨激昂，志在建功立业。他博览群书，对学问极其勤奋，坚忍刻苦，多年寒冬不生炉火取暖，酷暑不摇扇降温，夜晚也不躺卧休息。他后来感慨道："古人崇尚与圣贤为友，而我却未曾遍访四方。"于是他跨过黄河、汾水，跋涉淮河、汉水，探访齐、鲁、宋、郑等古国遗址。多年后，他突然醒悟，回到河南说："大道原来就在这里。"从此便不再外出游历。

北海人李之才在共城任知县时，听说邵雍好学，曾亲自造访他的居所，并问他："你听说过研究万物道理与生命本性的学问吗？"邵雍回答："愿意请教。"于是拜李之才为师，学习《河图》《洛书》以及伏羲的八卦六十四卦图象。李之才的学问源远流长，而邵雍进一步探究隐秘的道理，深刻领悟其中的奥秘，学问博大精深，自得的体会尤为丰富。随着学问的日益深厚，他的德行也愈加高尚。他专注于研究天地的运转、阴阳的消长，以及古今世事的变化，甚至草木鸟兽的性情。他的造诣深入精微，几乎可谓不惑。他的研究并非单靠模拟猜测，而是以深刻的理解和规律为基础。他发展了伏羲"先天之学"的精髓，著书十余万言传世，但世人能够真正理解他学问的却很少。

邵雍初到洛阳时，住在简陋的茅屋中，无法遮风挡雨，亲自砍柴做饭以奉养双亲。虽然家境贫困，他却怡然自得，旁人无法窥知他的乐趣所在。为双亲守丧时，他哀伤过度，尽礼而为。富弼、司马光、吕公著等贤士退居洛阳时，十分敬重邵雍，常与他交游，并为他购置田园和住宅。邵雍靠种地维持生计，仅能勉强温饱。他将自己的住所命名为"安乐窝"，自号"安乐先生"。每天清晨，他焚香独坐，傍晚则小酌三四杯酒，微醉即止，从不过量。兴致来了，他便吟诗自娱。春秋时节，他偶尔在城中漫游；遇风雨天气，他便足不出户。出门时，他乘坐一辆小车，由一人拉车，随心所至。城中士大夫听到他的车声，纷纷迎接。甚至小孩子和仆役们都高兴地说："我们家的先生来了！"不再称呼他的名字。有时邵雍会留宿一两晚再离开。一些好事者还特意模仿他家的样子建屋，等候他的造访，称为"行窝"。

司马光视邵雍如兄长。二人德行纯厚，成为乡里人的榜样。人们常告诫家人："千万不要做坏事，否则司马端明和邵先生会知道。"当时来洛阳的士人，有的不去拜访官府，而是必定前往邵雍的住所。邵雍品德纯正，远远望去就能感受到他的贤德。他为人不注重表面形式，不设门户之见，与人相处时谈笑风生，不特意显得不同寻常。他与人交谈时，乐于谈论他人的优点，而从不提及他人的缺点。对前来请教的人，他必定答疑解惑，却从不强迫别人听他的学问。无论贵贱老少，他都以诚待人。因此，贤者敬仰他的德行，不贤者也被他的品德感化。洛阳一时人才辈出，忠厚之风闻名天下。

　　熙宁年间新法推行，官吏被迫严格执行，有些人辞官而去。邵雍的学生和旧友中担任地方官职的人纷纷来信求教，他回答道："这是贤者应当尽力而为的时候。新法虽严，但能宽一分，百姓就能多受一分恩惠。辞官又有什么用呢？"

　　嘉祐年间，朝廷下诏寻访隐逸之士，留守王拱辰推荐邵雍。他被授予将作监主簿之职，后又被举荐为逸士，补任颍州团练推官，他都坚决推辞，后接受任命，但他竟然称病不上任。熙宁十年，他在六十七岁时去世，朝廷追赠他为秘书省著作郎。元祐年间，赐谥号"康节"。

　　邵雍学识渊博，才情卓越，超越古今，但性格坦然宽厚，从不炫耀锋芒，因此他清廉而不过激，和善而不流于俗套，与人交往越久，越受尊重与信任。河南程颢年轻时随父亲认识邵雍，与他长谈一整日，离去后感叹道："尧夫的学问，是内圣外王之道啊。"

邵雍的才识远远超过常人，对事情常能预见。程颐曾说："他的内心虚静通明，自然能够洞察一切。"当时学者因邵雍超凡的识见，力图效仿他的行为，有人认为邵雍看淡世事；又因他预见凡事，认为他凭借声气变化推测万物的变迁。因此有些人将已经发生的事硬说是邵雍预言的结果，但这些未必都是真实的。

邵雍病重时，司马光、张载、程颢、程颐日夜守候，将要去世时，他们在庭院中讨论丧葬之事，邵雍听到后，召唤儿子邵伯温说道："诸位贤人想将我葬在靠近城里的地方，但应按祖先之茔安葬我。"安葬后，程颢为其撰写墓志铭，称邵雍之道纯一无杂，已经达至安定与完善之境。

邵雍的著作有《皇极经世》《观物内外篇》《渔樵问对》，其诗作名为《伊川击壤集》。

其子邵伯温另有传记记载。

附录三　邵雍先生墓志铭

宋·程颢

【原文】

　　熙宁丁巳孟秋癸丑，尧夫先生疾终于家。洛之人吊哭者相属于途。其九亲且旧者，又聚谋其所以葬。先生之子泣以告曰："昔先人有言，志于墓者必以属吾伯淳。"噫！先生知我者，以是命我，何敢辞！

　　谨按：邵本姬姓，系出召公，故世为燕人。大王父令进以军职逮事艺祖，始家衡漳。祖德新、父古，皆隐德不仕。母李氏，其继杨氏。先生之幼，从父徙共城，晚迁河南，葬其亲于伊川，遂为河南人。先生生于祥符辛亥，至是盖六十七年矣。雍，先生之名，而尧夫，其字也。娶王氏，伯温、仲良，其二子也。

先生之官，初举遗逸，试将作监主簿，后又以为颍州团练推官，辞疾不赴。先生始学于伯原（百源），坚苦刻厉，冬不炉，夏不扇，夜不就枕席者数年，卫人贤之。先生叹曰："昔人尚友于古，而吾未尝及四方，遽可已乎！"于是走吴适楚，过鲁、宋，客梁、晋，久之而归曰："道其在是矣。"盖始有定居之意。

先生少时，自雄其才，慷慨有大志。既学，力慕高远，谓先生之事为可必致。及其学益老，德益劭，玩心高明，观于天地之运化，阴阳之消长，以达乎万物之变，然后颓然其顺，浩然而归。

在洛几三十年，始至，蓬荜环堵，不蔽风雨，躬爨以养其亲，居之裕如。讲学于家，未尝强以语人，而就问者日众。乡里化之，远近尊之，士人道洛者，有不之公府而必之先生之庐。先生之德器粹然，望之可知其贤。然不事表襮，不设防畛。正而不谅，通而不汙，清明坦夷，洞彻中外。接人无贵贱亲疏之间。群居燕饮，笑语终日，不取甚异于人，顾吾所乐何如耳？病畏寒暑，常以春秋时行游城中，士大夫家听其车音，倒屣迎致，虽儿童奴隶，皆知欢喜尊奉。其于人言，必依孝悌、忠信。乐道人之善，而未尝及其恶。故贤者悦其德，不贤者服其化。所以厚风俗，成人材，先生之功为多矣。

昔七十子学于仲尼，其传可见者，为曾子所以告子思，而子思所以授孟子者耳，其余门人各以其材之所宜者为学。虽同尊圣人，所因而入者，门户则众矣。况后此千余岁，师道不立，学者莫知其所从来。独先生之学为有传也。先生得之于李挺之，挺之得于穆修（字伯长）。推其源流，远有端绪，今穆、李之言及其行事概可见矣。而先生纯一不杂，汪洋浩大，乃其所自得者多矣。

然而名其学者，岂所谓门户之众，各有所因而入者欤？语成德者，昔难其居。若先生之道，就所至而论之，可谓安且成矣。

先生有书六十卷，命曰《皇极经世》，古律诗二千篇，题曰《击壤集》。先生之葬，附于先茔。实其终之年，孟冬丁酉也。

铭曰：呜呼先生！志豪力雄。阔步长趋，凌高厉空。探幽索隐，曲畅旁通。在古或难，先生从容。有《问》有《观》，以饫以丰。天不憖遗，哲人之凶。鸣皋在南，伊流在东。有宁一宫，先生所终。

（《明道集》卷四）

【译文】

熙宁丁巳年农历孟秋癸丑日，尧夫先生因病在家中去世。洛阳的人们前来吊唁哭祭，队伍络绎不绝。那些与先生有亲缘关系或旧日交情的人，更是聚在一起商量先生的墓葬之事。先生的儿子哭着告诉大家："从前父亲曾说过，若是谈到我的墓葬之事，一定要托付给程伯淳（程颢）。唉！先生既然这样嘱咐我，我又怎能推辞呢？"

据我所考：邵氏原本姓姬，是召公的后裔，所以世代为燕人。先生的曾祖父令进，凭借军职侍奉宋太祖，才在衡漳安家。祖父德新、父亲古，都有高尚的品德却隐居不做官。母亲李氏，继母杨氏。先生年幼时，跟随父亲迁居共城，晚年又迁至河南，将双亲安葬在伊川，于是成为河南人。先生出生于祥符辛亥年，到此时已六十七岁了。雍，是先生的名，尧夫是他的字。娶王氏为妻，伯温、仲良是他的两个儿子。

　　先生的官职是因被举荐为隐逸贤士，曾受命试任监主簿，后来又被任命为颍州团练推官，但他以病为由而未上任。先生最初从师于伯原（百源），学习勤勉而刻苦，冬天不用炉火取暖，夏天不摇扇降温，夜里不躺卧睡觉，连续多年。卫州人都赞扬他的贤德。先生感叹道："古人以交往古圣先贤为尚，而我还未曾遍访四方，就这么轻易作罢了吗？"于是他前往吴地，又到楚地，途经鲁国、宋国，旅居于梁地和晋地。许久之后，他归来并说："大道原来就在这里啊！"自此才有了定居的想法。

先生年少时，以自己的才华自许，慷慨激昂，胸怀大志。开始学习后，极力仰慕高远的目标，认为圣贤的事业必定可以实现。随着学识的日益深厚，他的德行也愈加高尚。他专心体悟天地的运化、阴阳的消长，以此明晓万物变化的规律，最终豁然贯通，坦然顺应天道。

先生在洛阳将近三十年，刚到时，居住的地方只有四面土墙，不能遮蔽风雨，他亲自生火做饭来奉养双亲，却安居其中，自得其乐。他在家中讲学，从不勉强向别人传授知识，但前来请教的人却日益增多。乡里的人受到他的教化，远近的人都尊敬他，士人也传颂他。来到洛阳的人，有的不去官府，却必定会到先生的住所拜访。先生的品德气质纯粹，远远望去就能知道他的贤能。然而他不注重外表修饰，也不设置界限。正直而不拘泥，通达而不迂腐，清正明达，胸怀坦荡，洞察世事。与人交往不分贵贱亲疏。大家相聚宴饮时，他整天笑语不断，并没有什么特别与众不同之处，只是看自己所追求的快乐是什么罢了。他因身体原因怕冷怕热，常在春秋时节在城中出游，士大夫们听到他车子的声音，就急忙倒穿着鞋子出门迎接，即使是儿童和奴仆，也都欢喜地尊崇他。他与人交谈，必定遵循孝悌、忠信的原则。乐于称道别人的优点，而从不提及别人的坏处。所以贤能的人喜爱他的品德，不贤能的人也被他的教化所折服。因此，在淳厚风俗、培养人才方面，先生的功劳很大。

从前孔子的七十名弟子向他学习，其中的学问能够明确见到传承的，只有曾子传授给子思，子思又传给孟子。其余的弟子则根据各自的才能选择适合自己的学习内容。虽然都尊崇孔子，但他们各自追求的方向不同，因此形成了众多学派。更何况此后千余年，师道逐渐衰微，学者们大多不清楚自己的学问传承自何处。然而，唯独先生（邵雍）的学问得到了明确的传承。先生的学问来自李挺之，而李挺之则传承自穆修（字伯长）。追溯其学术渊源，可以找到清晰的脉络。如今穆修、李挺之的言行事迹基本可见，而先生的学问纯粹专一、广博浩瀚，其中自得的成分尤为丰富。

然而，若以门户派别来定义先生的学问，是否可以等同于那些因材施教、各有方向的众多学派呢？要论成就德行之道，自古以来就是艰难的。而先生的学问，若从他达到的境界来看，的确已经是安稳而圆满了。

先生的著作共有六十卷，名为《皇极经世》；他的古体律诗共两千篇，汇编为《击壤集》。先生去世后葬于祖茔，去世的年份是孟冬丁酉。

铭文写道：

唉！先生啊，志气豪迈，力量雄健。大步疾行，直登高远，傲视长空。探求幽深，追寻隐秘，曲折畅达，无所不通。古人难以达到的境界，先生却从容自在地实现了。有《问》与《观》，以之充实自我、丰富学问。苍天未能挽留，哲人遭遇凶厄。鸣皋在南，伊水在东，一座宁静安详的住所，是先生的归宿之地。

附录四　邵雍之子所作
《邵氏闻见录》

宋·邵伯温

卷十八

【原文】

伊川丈人与李夫人因山行，于云雾间见大黑猿有感，夫人遂孕。临蓐时，慈乌满庭，人以为瑞，是生康节公。公初生，发被面，有齿，能呼母。七岁戏于庭，从蚁穴中豁然别见天日，云气往来。久之以告夫人，夫人至无所见，禁勿言。既长，游学，夜行晋州山路，马突，同坠深涧中。从者攀缘下寻公，无所伤，唯坏一帽。熙宁十年，公年六十七矣。夏六月，属微疾，一日昼睡，觉且言曰："吾梦旌旗鹤雁自空而下，下导吾行乱山中，与司马君实、吕晦叔诸公相分别于一驿亭。回视其壁间，有大书四字曰'千秋万岁'。吾神往矣，无以医药相逼也！"呜呼，异哉！

【译文】

伊川丈人（邵雍的父亲）与李夫人在山中行走，于云雾间见到了一只大黑猿，心有所感，李夫人随后怀孕。临产时，庭院中满是慈乌，人们都认为这是祥瑞之兆，于是生下了康节公（邵雍）。邵雍刚出生时，头发覆盖着脸，已经有牙齿，还能呼唤母亲。七岁时，他在庭院中玩耍，从蚂蚁洞穴里突然看到另一番天地，有阳光照耀，云气往来流动。过了许久，他把这件事告诉母亲，母亲到蚂蚁洞穴处却什么也没看见，于是禁止他再提及此事。邵雍长大后，外出游学，一次深夜行走在晋州的山路上，马突然受惊，他和马一起坠入深涧。随从人员攀援而下寻找，发现邵雍并无大碍，只是帽子坏了。熙宁十年，邵雍六十七岁。夏季六月，他患了轻微的疾病，一天白天睡觉，醒来后说："我梦见旌旗、仙鹤和大雁从天空中降下，在下方引导我行走在群山之中，我与司马光（字君实）、吕公著（字晦叔）诸位先生在一座驿亭中分别。回头看到墙壁上，有四个大字写着'千秋万岁'。我的神魂已经去了，不用医药来逼我了。"唉，真是奇异啊！

卷二十

【原文】

　　康节先公居洛，凡交游年长者拜之，年等者与之为朋友，年少者以子弟待之，未尝少异于人，故得人之欢心。……每出，人皆倒屣迎致，虽儿童奴隶皆知尊奉。每到一家，子弟家人争具酒馔，问其所欲，不复呼姓，但名曰："吾家先生至也。"虽闺门骨肉间事，有未决者，亦求教。康节先公以至诚为之开论，莫不悦服。十余家如康节先公所居安乐窝起屋，以待其来，谓之"行窝"。故康节先公没，乡人挽诗有云："春风秋月嬉游处，冷落行窝十二家。"洛阳风俗之美如此。

【译文】

邵康节（邵雍）先生居住在洛阳，凡是与他交往的人，年长者他就行拜礼，年龄相仿的就与他们做朋友，年少的就以子弟的礼节对待他们，从来没有对人有一点不同，所以得到人们的欢心。……每次出门，人们都急忙倒穿着鞋子迎接他，即使是儿童和奴隶都知道尊敬他。每到一家，子弟和家人们都争着准备酒食，询问他的需求，不再称呼他的姓，只是说："我家先生来了。"即使是家庭内部骨肉之间的事情，有不能决断的，也来向他请教。邵康节先生以最真诚的态度为他们开导论述，没有不心悦诚服的。有十几家仿照邵康节先生所居住的安乐窝建造房屋，用来等待他的到来，称为"行窝"。所以邵康节先生去世后，乡里人写的挽诗中有这样的句子："春风秋月游玩的地方，冷落了十二家行窝。"洛阳的风俗就是如此美好。